… und reiten kann er auch nicht!

Eine Lebensgeschichte
von
Hans Görtz

... und reiten kann er auch nicht!

Mitarbeit:	Hans-Dieter Görtz
	Drensteinfurt
Bilder:	Hans Görtz
Copyright © 2009 by:	Hans Görtz

Inhaltsverzeichnis

So geht es los! Meine Kindheit in Breslau 5

„Was Hänschen nicht lernt, lernt Hans nimmermehr" 25

Hinein in die Berufsausbildung 37

Nie wieder Krieg 47

Mein zweiter Beruf, der Sport 90

Aufgaben für das Gemeinwohl 113

Was aus zwei Menschen alles werden kann .. 120

... und reiten kann er auch nicht!

So geht es los!
Meine Kindheit in Breslau

Guten Tag! „Ich heiße Hans Görtz und möchte gern mit einem verantwortlichen Mitarbeiter ihres Verlages sprechen." „Worum geht es dabei?" wollte die nette Empfangsdame wissen. „Ja, es geht um folgendes: Ich habe mir vorgenommen, all das, was ich in meinem langen Dasein erlebt habe, niederzuschreiben, weil ich der Meinung bin, dass sich andere Menschen dafür interessieren könnten." „Es tut mir sehr leid, alle Herren des Hauses, die sich mit Neuerscheinungen befassen, sind terminlich ausgebucht. Damit kann ich ihnen zurzeit nicht helfen. Ich würde ihnen empfehlen, ihr Manuskript, falls sie es bei sich haben, mir zu übergeben. Ich werde Sorge tragen, dass es in die richtigen Hände gelangt und sie erhalten dann Nachricht. Wollen wir es so machen?" „Na, ja" entgegnete ich, aber ich hätte gern ein Gespräch geführt, sozusagen eine beratende Unterredung, aber wenn es sich heute nicht einrichten lässt, können wir es so machen, wie Sie es vorgeschlagen haben."

Dieses Gespräch hatte ich vor zwei Monaten geführt und mein täglicher Lauf zum Briefkasten war bisher von keinem Erfolg gekrönt. Der Verlag blieb stumm. Meine Gedanken, man soll ja immer positiv denken, suchten nach Entschuldigungen, warum immer noch kein Lebenszeichen vom Verleger vorlag. Sicher gab es gerade zu dieser Zeit ein Überangebot von Buchtexten, oder, vielleicht war mein Entwurf schon in der Lektorenkonferenz und in den nächsten Tagen kommt dann der ersehnte Brief, natürlich mit positivem Inhalt. Um es kurz zu machen, es kam kein Brief, schon gar nicht eine Einladung zu einem Gesprächstermin. Nichts, rein gar nichts!

Trotzig, wie ich nun einmal bin, habe ich meinen Text sorgfältig überarbeitet, an vielen Stellen Änderungen vorgenommen und so meine feste Meinung, ich habe mein Buch verbessert.
Nun geht es weniger darum, noch mehr am Text zu arbeiten, sondern meine ganze Konzentration war nun von Nöten, mir einen Partner zu suchen, der mein Buch verlegen will.

Zu meinem Handikap kommt noch dazu, es ist mein erster Versuch, ich habe keinen berühmten Namen, der gute Verkäufe garantiert - trotzdem der Inhalt eventuell grottenschlecht ist. Aber so ist nun mal das Geschäft. Da können so genannte Promis den miesesten Text abliefern, und trotzdem werden solche Bücher gedruckt und von einer breiten Schicht von Lesern gekauft, immer in der Hoffnung, einen Blick hinter die Kulissen werfen zu können. Viele sind dann tief enttäuscht, es stand nichts Neues drin. Die Regenbogenpresse hatte eh schon alles offenbart.

In dieser Beziehung ist das was ich niederschreiben möchte, alles neu und echt erlebt, sicher keine Sensationen, aber ich hoffe viele Leser finden sich an der einen oder anderen Stelle wieder. Es sind die Alltäglichkeiten, die unser und damit auch mein langes Leben geprägt haben. Aber auch ein so genanntes normales Erleben kann hoch spannend sein. Es wäre schön, wenn Sie, liebe Leserin, lieber Leser, diese Meinung mit mir teilen würden.

Meine Mutter mit mir in Willschau

Ich bin im September 1924 in einem kleinen Ort im Kreis Glogau (Niederschlesien) geboren. Der Ort Willschau wird auf vielen Landkarten nicht in Erscheinung treten. Er ist einfach zu klein.

So im Alter von 13 Jahren habe ich mich mit meinem Cousin Manfred aufs Fahrrad gesetzt und mal meinen Geburtsort besucht. Von Breslau-Stabelwitz aus sind das immerhin 80 Km. Fünf Stunden Hinfahrt und nochmals 5 Stunden zurück. Das war schon ein gewaltiger Schlauch. Im Ort selbst haben wir mein Geburtshaus nicht gefunden, unsere Familie kannte dort kein Einwohner mehr. Außer einer Kraft raubenden Fahrradtour konnten wir nicht viel Bemerkenswertes berichten.

Meine Mutter Auguste, eine reinrassige Schlesierin, aus Daupe stammend, schenkte mir als viertes Kind das Leben. Wie man so schön sagt, ein vielleicht nicht gewollter Nachzügler – volkstümlich auch „Ausrutscher" genannt. Meine Brüder Artur, Herbert und Gustav waren alle erheblich älter. Da meine Mutter bei meiner Geburt immerhin auch schon 36 Jahre alt war, ist meine Vermutung, dass ich nicht besonders erwünscht war. Egal, ich war da, und alles andere mussten meine Eltern ausbaden.

Meine Großeltern mütterlicherseits waren Kleinbauern – in den kirchlichen Unterlagen der damaligen Zeit als Häusler, Stellenbesitzer in Daupe bezeichnet -. Daupe liegt östlich von Breslau, etwa 25 km von der Stadtmitte entfernt. Meinen Großvater Johann, Gottlieb Eckert habe ich nicht mehr kennen gelernt, denn er starb schon im Alter von 50 Jahren im Jahre 1902. Dagegen habe ich meine Oma, die immerhin 82 Jahre alt wurde, noch besuchen können, denn sie war vier Jahre jünger als mein Opa und starb 1938 auf ihrem kleinen Bauernhof in Daupe.

Es ist ja nun viele Jahrzehnte her, nach meinen Erinnerungen war Oma Eckert eine kleine, recht gebeugt gehende, grauhaarige Frau, gezeichnet von harter Arbeit. Sie bewirtschaftete den Hof ganz allein. Im Stall standen drei Kühe und zwei Schweine, ansonsten noch einiges Federvieh, denn sie war ja Vollselbstversorger. Am besten in Erinnerung ist bei mir geblieben, ein ganz bescheidenes Wohnhaus, besser ausgedrückt, eine Kate. Das Wohnzimmer klein, Decke niedrig, kleine Fenster und was ich nie vergessen werde, voll mit Fliegen. Der Klebefänger über dem Tisch ebenfalls voll mit hunderten von fetten Fliegen. Selbst wenn die eine oder andere Fliege noch gern an den Klebefänger wollte, keine Chance. Verständlich das mein Aufenthalt nicht lange dauerte. Ich war ja mit dem Fahrrad unterwegs und sollte von Oma ein kräftiges Stück selbst hergestellte Butter mitbringen. Da es sehr warm war, holte meine Oma ein paar große Rhabarberblätter aus dem Garten und wickelte darin die Butter ein. Ohne zögern nahm ich das zusätzlich verschnürte Bündel und verfrachtete es in meine Hosentasche. Der Fahrwind auf dem Nachhauseweg war wohl doch nicht so kühl und auch die Kühlung durch die Rhabarberblätter wirkte nicht so toll, so dass die Butter langsam aber sicher eine cremige Konsistenz annahm und im Volumen immer kleiner wurde. Die Blätter hielten auch nicht dicht und es kam wie es kommen musste, die flüssige Butter lief vom Oberschenkel über die Wade bis in den Schuh. Es versteht sich von selbst, dass meine Mutter nicht nur um den Buttergenuss gekommen war, sondern noch zusätzlich die Klamotten entsorgen musste.

Mein Vater Gustav, gebürtig in Kolberg, also Pommer, gelernter Zimmermann, ist auf recht abenteuerlichen Wegen nach Schlesien gekommen. Doch dazu komme ich später zurück.

Erst möchte ich mich mit der „Görtzschen Sippe" beschäftigen.

Mein Neffe Bernd hat sich nach seinen beruflichen Tätigkeiten, zuletzt als Dipl.-Ing. in der Forschungsabteilung bei Siemens in Erlangen, mit unseren Ahnen beschäftigt. Und mit Beschäftigung hat das Aufspüren von früheren Generationen eine Menge zu tun. Erschwerend kommt noch hin zu, dass Pommern nunmehr polnisches Staatsgebiet geworden ist und dass durch die Kriegswirren eine große Anzahl von Unterlagen bei den Standesämtern, bei den Kirchen und sonstigen Quellen nicht mehr vorhanden sind. So gesehen ist es doch erfreulich, was an Familiendaten bisher ausfindig gemacht wurde.

Momentan sind wir bei der 5. Generation nach mir angelangt. Dieser Vorfahr Friedrich Johann Ferdinand Görtz wurde am gleichen Tage wie ich, nämlich am 11. September geboren. Dies aber schon im Jahre 1787. Somit ist er 137 Jahre älter. Wir wissen auch, dass er 67 Jahre gelebt hat und überwiegend ein strammer Soldat in verschiedenen Bataillonen rund um Kolberg, auf Usedom und später als Grenzaufseher in der Oberlausitz und wiederum in Kolberg eingesetzt wurde. Im Jahre 1815 erhielt er für seinen mutigen Einsatz in der Schlacht bei Ligny das „Eiserne Kreuz 1. Klasse." - eine damals selten vergebene Auszeichnung -. Um aber weitere Generationen meiner Görtzschen Vorfahren ausfindig zu machen, fehlt von diesem tapferen Recken die Unterlage seiner Geburt. Auf dieser Unterlage sind in der Regel die Eltern des Kindes vermerkt, so dass man dann weiter forschen könnte.

Meine Großeltern Ernst Albert Leopold mit seiner Marie Henriette Elise habe ich bei einem Besuch in Kolberg noch kennen gelernt. Mein Onkel Paul mit seiner Ehefrau Ida Maria Elvira leiteten damals ein Altenheim und im gleichen Haus lebten auch meine Großeltern. Der Anlass für die lange Reise von Breslau nach Kolberg dürfte die „Goldene Hochzeit" meiner Großeltern gewesen sein. Und wenn man eine Reise tut, dann kann man was erleben. Bei der Reisegruppe war so einiges ungewöhnlich, beziehungsweise auch Nerven strapazierend.

So genau kann ich den Planungsablauf dieser Reise nicht wieder geben. Aber Tatsache war ja das eine Einladung aus Kolberg vorlag und die Frage mit welchem Transportmittel wir nach Pommern kommen sollten, war ebenfalls im Prinzip abgesprochen. Mein Bruder Gustav hatte als Einziger unserer Familie die Fahrerlaubnis, also einen Führerschein erworben und mein Vater leistete sich zu dieser Zeit (1933) sein erstes Auto – ein" Wanderer." Das war um diese Zeit noch nicht so üblich, dass jeder ein Auto hatte. Wie gesagt, mein Vater war Autobesitzer, aber ohne Führerschein. Die Fahrprüfung, die mein Bruder abgelegt hatte, war auch noch neueren Datums, so dass von Fahrpraxis noch nicht viel vorhanden war. Mit dem Autoverkäufer war abgemacht, dass er das Auto am

Morgen des Reisetages ausliefern sollte und da wir in einem Vorort von Breslau wohnten, brachte Gustav den Autoverkäufer wieder in die Stadt. So geschah es dann auch, normaler weise musste der Wagen nach einer Stunde wieder zurück sein. Wir, also meine Eltern und ich benutzten die Wartezeit um das Reisegepäck gleich zum Einladen an die Straße zu bringen. Die Blicke meines Vaters gingen immer öfters auf seine Sprungdeckeluhr, denn inzwischen waren 2 Stunden vergangen und vom Auto mit meinem Bruder war weit und breit nichts zu sehen. Was sollten wir auch machen? Verbindung mit dem Handy aufnehmen – Fehlanzeige -. Ich staunte nicht schlecht, wie ruhig mein Vater die Wartezeit ertrug. Es musste irgendetwas passiert sein. Ein Anruf beim Autohändler erbrachte zwar die Nachricht, dass der Verkäufer wieder in der Stadt war, aber damit konnten wir nicht viel anfangen. Die Zeit rann und wenn nicht bald Klarheit kam, dann war an eine Fahrt nach Kolberg an diesem Tage nicht mehr zu denken. Endlich, nach 3 Stunden sahen wir am Ende unserer langen, geraden Straße ein Auto einbiegen. Es war mein Bruder. Man sollte es nicht für möglich halten, die Normalreaktion wären Fragen, Vorwürfe und Unverständnis gewesen. Mitnichten, wir waren erst mal froh, meinen Bruder heil und unverletzt wieder bei uns zu haben. Typisch mein Vater „komm her, Koffer und Taschen einladen und dann ab die Post. Erzählen kann uns Gustav nachher im Auto". Was war passiert?. Mein Bruder hatte den Verkäufer in der Stadt abgesetzt und war auf dem Nachhauseweg. Die letzte Kurve, bevor er in die Gorkauerstraße eingebogen war, hat er wie man so schön sagt, die Kurve nicht gekriegt. Mit dem linken, vorderen Kotflügel schrammte er eine Mauer und handelte sich eine recht ordentliche Beule ein. Das muss ihm überhaupt nicht behagt haben und war auf Abstellung des Schadens bemüht. Im Ort hatten wir einen uns sehr bekannten Fahrradhändler und dort fuhr er hin. Beide bemühten sich den Kotflügel wieder in die normale Position zu bringen, was nach geraumer Zeit notdürftig gelang. Alles in Allen, keine besonders guten Voraussetzungen für den Start mit dem neuen Auto. Aber es sollte noch viel schlimmer kommen. Bei dem kontaktieren mit der Mauer ist nicht nur der Kotflügel eingebeult worden, sondern dabei hat auch die Radaufhängung einen Schlag bekommen mit der Folge, dass das linke Vorderrad nicht mehr rund lief, sondern eierte. Dies hatte zur Folge, dass am Reifen ein stark erhöhter Abrieb stattfand und bei der Ankunft in Kolberg, der Gummi so weit abgefahren war, dass bereits die Leinwand sichtbar war. Nicht vorstellbar, wenn der Reifen geplatzt wäre. Eine Werkstatt in Kolberg konnte die Achse wieder richten, ein neuer Reifen wurde aufgezogen und nach den örtlichen Feierlichkeiten konnten wir die Rückreise antreten. Diese verlief weitest gehend störungsfrei. Ich meine damit die Ängste meiner Mutter über die Fahrkünste ihres Sohnes, der während der Fahrt meinem Vater Unterweisung erteilte, mit der unangenehmen Folge, dass beide in den Fußraum blicken und das Auto stellenweise recht nahe an den Straßenrand abdriftete und die Bäume sich bedrohlich näherten. Meine Mutter, die kein Blick für die Schönheiten der vorüber ziehenden Natur hatte, nur Angstschreie ausstieß, wenn wieder Gefahr im Verzug war. Aber es ging alles gut, mein Bruder profitierte von der langen Reise, er wurde sicherer und mein Vater belegte nach Ankunft in Breslau gleich einen Fahrkursus.

Aber nun zurück zu meinem Vater.

Nach Beendigung seiner Lehrzeit, ging er von Kolberg aus auf Wanderschaft. Um das Jahr 1900 war es unter den Zimmerleuten nichts Ungewöhnliches, als Wander-Zimmermann seine handwerklichen Fähigkeiten in anderen Landesteilen und im Ausland auszubauen.

Es war für mich immer ein ganz besonderes Erlebnis, wenn mein Vater von seinen Ein- drücken seiner fünfjährigen „Fremdschreibung" erzählte. Fremdschreibung bedeutete, dass der Wandergeselle drei oder fünf Jahre plus 1 Tag nicht in seine Heimat zurückkehren durfte. Wenn dieser alte Brauch in der heutigen Zeit wieder etwas auflebt, so hat das mit dem Wanderwesen von damals nicht mehr viel gemeinsam.

Mein Vater Gustav zog mit anderen Zunftbrüdern über Holland, Belgien, Frankreich, Italien, Nordafrika, Griechenland, über den Balkan, durch Österreich und Tschechoslowakei nach Schlesien. Fünf bis zwanzig Wandergesellen schlossen sich in Gruppen zusammen. Diese Gruppen nahmen bei Meistern Arbeiten an und führten diese komplett aus. Verpflegung und Unterkunft für die Dauer des Arbeitseinsatzes stellte entweder der Meister oder dies geschah in Herbergen, die die Zünfte (heutigen Innungen) in vielen Städten eingerichtet hatten. In einem persönlichen Wanderbuch wurden dann die jeweiligen Beschäftigungen von Meisterbetrieben bescheinigt.

Ja, und Schlesien, genauer gesagt Breslau, war dann Endstation seiner Wanderjahre. Er war so stolz, dass er bei der Erstellung der Breslauer Jahrhunderthalle aktiv mitarbeiten konnte. Kenner wissen, dass diese freitragende Betonkonstruktion für die damalige Zeit ein ganz sensationelles, architektonisches Monument war. Die Kuppelspannweite von 65,00 Metern war Weltrekord;
1912 - Baubeginn
1913 - Einweihung zur Jahrhundertausstellung-daher der Name Jahrhunderthalle.

Meine Eltern heirateten 1912 in Breslau. Laut einer Eintragung im Breslauer Adressbuch wohnten sie damals in der Neuen Adalbertstr. 123 IV. Sicher ist damit, dass meine beiden Brüder Artur und Herbert ebenfalls dort geboren worden sind. Bei meinem Bruder Gustav, der ja im September 1916 geboren wurde, kann ich den Geburtsort nicht angeben, denn die Familie Gustav Görtz könnte ja schon nach Willschau umgezogen sein. Bisher ist nicht nachgewiesen, wann der Umzug nach Willschau und der weitere Umzug nach Breslau-Neustabelwitz stattfanden.

Da mein Geburtsort Willschau, Krs. Glogau, war und ich dort im Jahre 1924 das Licht der Welt erblickte, kann es nur so sein, dass die Tätigkeiten meines Vaters den Umzug nach Willschau erforderlich machten.

Meine Erinnerungen fangen eigentlich erst in Breslau-Neustabelwitz an. Wir wohnten dort in einem Haus, ebenfalls in der Gorkauerstr. Nr. 80. Ob das Eigentum war oder nur gemietet, vermag ich nicht zu sagen. Für mich ist auch unklar, wann mein Vater sich als Zimmerer selbständig machte. Es müsste danach schon in der Zeit um 1928 gewesen sein, denn Herbert und auch Gustav erlernten den Maurer- bzw. Zimmererberuf. Mein ältester Bruder Artur erlernte noch das Schneiderhandwerk.

Wir hatten damals so einen kleinen Volksempfänger als Radio. Ich durfte im zarten Alter von fünf Jahren die Übertragungen von den Boxkämpfen des Max Schmeling anhören, soweit man von „Hören" bei dem Rauschen im Radio überhaupt etwas verstand. Den Boxkampf gegen Skarkey am 12.06.1930, den Schmeling durch Disqualifikation seines Gegners gewann, damit Weltmeister wurde, habe ich mit meinem Vater und meinen drei großen Brüdern ebenfalls zu nächtlicher Stunde im Radio erlebt. Ich bin zwar der Meinung, dass dies noch im alten Haus geschah. Dagegen spricht, dass ich ja im April 1930 eingeschult wurde und dann, nach meiner Erinnerung, schon im Neubau in der Gorkauerstr. 40 wohnte. Der Einzug in das neue Haus ist auch der Beginn von Wahrnehmungen, die ich zeitlich besser einordnen kann.

Das Grundstück, ein Eckgrundstück an der Gorkauer Tampadelerstraße ermöglichte den Ausbau des Baubetriebes. Neben der Doppelhaushälfte als Wohntrakt, schloss sich ein Bürogebäude mit direktem Zugang vom Wohnhaus aus an. Im räumlichen Abstand war das Werkstattgebäude mit einem großen Maschinen- und Arbeitsraum. In diesen Räumen waren die „besseren" Zimmerleute untergebracht. Mit besseren Zimmerleuten bezeichne ich die Gesellen, die z. B. Treppen und andere Hobelarbeiten ausführten. In dieser Werkstatt befand sich auch der Leimofen, der zum Aufkochen des damals üblichen, stark riechenden Knochenleims diente. Auch war er ein zentraler Punkt für die Mitarbeiter, die auf dem immer beheizten Ofen ihren mitgebrachten Kaffee erwärmten. Dies war eine alleinige Aufgabe der Lehrlinge, heute besser als Azubis bekannt.

Mein Vater vor dem Betriebsgrundstück in Breslau-Stabelwitz ca. 1934

In dem Werkstattgebäude war auch noch ein kleiner Stall, wo die Waschküche mit Waschkessel und die Toiletten untergebracht waren. Der Toilettentrakt bestand aus zwei getrennten Plätzen. Einer für die Belegschaft und ein anderer für die Familie, da im Wohnhaus keine Toilette eingebaut war.

Es gab noch keine Schmutzwasserkanalisation, nur die Möglichkeit einer „Plumpsgrube" von beträchtlichem Ausmaß. Das alles roch schon sehr streng, und da gab es jedes Jahr auch noch eine absolute Steigerung der Duftmarke. Die angesammelten Fäkalien wurden in jedem Frühjahr und Herbst, je nach anfallender Menge, auf dem Boden des Gemüsegartens ausgebracht. Wie sagt man so schön „Bitte, Fenster und Türen geschlossen halten!" – zumindest ein paar Tage lang.

Da gab es eine lustige Geschichte – für den Betroffenen wohl eher nicht. Auf dem Zimmerplatz wurden des öfteren Richtfeste gefeiert. Und wie das heute auch durchaus üblich ist, wurde dem Genuss von Bier und Schnaps recht heftig zugesprochen. Zu jener Zeit wurde der Schnaps noch lose beim Kolonialwarenhändler aus einem Glasgefäß gekauft. Ein älterer Geselle hatte sich mit dem Essen und noch mehr Trinken wohl übernommen und musste sich übergeben. Bei dieser Prozedur fiel sein Gebiss in die Jauchegrube. Am nächsten Tag war eine zusätzliche Leerung der Grube fällig. Er konnte sein Gebiss wiederfinden. Nach entsprechender gründlicher Reinigung des

Fundstückes, konnte er wieder feste Nahrung zu sich nehmen.

Durch die räumliche Trennung der Toilette von der Wohnung, war natürlich eine Zwischenlagerung der in der Nacht produzierten menschlichen Abfälle notwendig. Hier kam der berühmte „Nachtpott" zum Einsatz.

Im Stall hatte sich mein Bruder Gustav eine Kaninchenzucht aufgebaut. So um die 40 bis 50 Tiere werden es wohl gewesen sein. Für meine Mutter eine willkommene Erweiterung der Speisekarte.

Alle vier Wochen war Waschtag. Zwei Waschfrauen kamen meiner Mutter zur Hilfe, um die angefallenen Wäschemengen wieder sauber zu bekommen. In dem Waschkessel wurde die Weißwäsche gekocht, mit einem Patentstampfer mühevoll bearbeitet und dann im Wäschezuber auf dem Waschbrett gerubbelt. Mitunter konnte man die Waschfrauen vor Dunst nur erahnen – Dampfsauna alter Art.

Auf dem quadratischen Platz zwischen dem Wohnhaus und der Werkstatt waren acht Wäschepfähle – natürlich aus Holz – oben mit gekreuzten Rundknebeln. Dort wurde dann die gesamte Wäsche getrocknet. Wenn das Wetter mitspielte, war am Nachmittag alles wieder trocken. Nur manchmal – auch in Breslau regnet es zur unrechten Zeit – musste die Wäsche mehrfach ab bzw. wieder aufgehängt werden. Verständlich, dass das natürlich nicht besonders zu einer guten Stimmung führte.

Dieser Hausplatz diente auch noch anderen Zwecken. Neben den Kaninchen meines Bruders Gustav, hielten wir uns noch eine Menge Hühner. Normal waren diese in einem Zwinger, der sich am Ende des Werkstattgebäudes befand. Dort sollten die Puttchen während des Tages ihren Auslauf haben. Nur, dass sie dort hinein sollten, wollten einige Viecher absolut nicht einsehen. Um sie dort hineinzutreiben, waren nicht nur die Familienmitglieder gefragt, sondern auch die Mitarbeiter aus der Werkstatt. Die Hühner waren nicht nur gern gesehene Eierleger, sie waren auch eine willkommene Bereicherung im Suppentopf. Das „Köpfen" der Suppenanwärter nahm immer meine Mutter vor. Dies tat sie aber nur bei den Hühnern, das Schlachten der Kaninchen war Sache meines Vaters. Dafür beanspruchte er immer den Kopf des Kaninchens. Die anderen Essenteilnehmer hatten gegen diese Lösung absolut keine Einwände.

Wie an anderer Stelle schon erwähnt, sind wir innerhalb der Gorkauerstr. in Breslau-Neustabelwitz von der Nr. 80 auf das Grundstück Nr. 40 umgezogen. Dieser Umzug war wohl in erster Linie betrieblich bedingt. In den dreißiger Jahren belebte sich die Bautätigkeit, neben Behördenbauten, wurden ganze Siedlungen von Einfamilienhäusern gebaut. Dadurch profitierte auch der Betrieb meines Vaters. In Schlesien war es üblich, dass es dort vor allem Baugeschäfte gab. Es waren also Betriebe, die sowohl Zimmerer - als auch Maurerarbeiten ausführten. Mein Vater, der als gelernter Zimmermann später Zimmermeister, den Betrieb führte, hatte auch Maurer beschäftigt. In den guten Jahren hatten wir bis zu 130 Mitarbeiter.

Der Beruf des selbständigen Architekten war zu dieser Zeit nicht häufig anzutreffen. Auch planerische Arbeiten wurden in unserem Betrieb erledigt. Gegenüber der heutigen Zeit, war die Abwicklung der Bauaufträge um vieles einfacher. Da hatte noch das gesagte Wort Geltung und der Handschlag. Ich kann mich noch gut erinnern, dass viele Auftragsverhandlungen in Gastwirtschaften bei mindestens einem Glas Bier erledigt wurden. Aus heutiger Sicht für meinen Vater sicher ein stressiger Arbeitstag.

Durch den Neubau wurden auch die wohnlichen Verhältnisse erheblich besser. Meine Eltern, vier Söhne, meine Cousine Hanne, dazu Mitverpflegung für unseren Zimmerpolier, da brauchte man schon Platz. Obwohl das Haus ein Neubau war, fehlte die Abwasser-Kanalisation. Mein Vater hatte eine Wassereigenversorgung einbauen lassen. Eine Handpumpe im Hausflur beförderte das Wasser aus dem Brunnen in einen Zinkbehälter auf den Dachboden. Von dort wurden durch eigene Schwerkraft die unteren Räume und das Bad versorgt.
Neben einer mit Koks befeuerten Heißwasser-Heizungsanlage, die alle Räume des Hauses versorgte, war die Warmwasser-Versorgung über einen großen Kupferkessel, der mit dem fest einge-

bauten Küchenherd verbunden war, sichergestellt. – Von wegen sicher! Da der Küchenherd in erster Linie mit Holzabfällen, die durch die Zimmerei ausreichend zur Verfügung standen, geheizt wurde, kam es schon mal vor, dass zu viel Feuer im Ofen war und das Wasser im Kupferkessel kochte. Da war dann sofortiges Handeln gefragt. Entweder Feuer raus oder kaltes Wasser nachlaufen lassen. Es versteht sich von selbst, dass das Nachpumpen des Wassers nicht immer rechtzeitig erfolgte, so dass bei der Morgentoilette auch mal Mangel an Feuchtigkeit eintrat. Ich, als jüngstes Mitglied der Familie, war von den Hausarbeiten weitestgehend freigestellt und wenn das Wasser mal nicht lief, dann war Katzenwäsche angesagt.

Ich weiß nicht, ob der Begriff „Gute Stube" überall schon bekannt war, bei uns gab es so einen Raum. Beste Einrichtung, gutes Geschirr, Tischwäsche usw.. Nutzung nur bei Familienfeiern, Weihnachten, Ostern, also um es kurz zu sagen, recht selten. Ansonsten war das Zimmer abgeschlossen und der Schlüssel in Verwahrung bei meiner Mutter. In den Kriegsjahren gab es Ausnahmen. Meine Mutter hatte sich, aus welchen Quellen auch immer, Rohkaffee besorgt. Nach Röstung des Kaffees in der Bratpfanne wurde hinter verschlossenen Türen ein Kaffeekränzchen abgehalten. Die Kaffeetanten waren ein erlauchter, sorgfältig ausgesuchter Kreis von befreundeten Frauen. Eine zusätzliche Nutzung der „Guten Stube".

... und reiten kann er auch nicht!

Die gesamte Familie Görtz
v.l. Gustav, Herbert, Vater Gustav, Artur, Hans, Hanne, Mutter Auguste (ca. 1933)

Im Erdgeschoß, gleich neben der Küche, war das Bad. Dank der Wasser-Eigenversorgung war die Ausstattung mit Waschbecken und Badewanne für die damalige Zeit schon vorbildlich. Toilettenbecken fehlte - ich hatte es schon erwähnt – es gab keine Schmutzwasser-Ableitung.
Zur Straßenseite hin war das Schlafzimmer meiner Eltern. Ein Raum, der für alle Hausbewohner absolut tabu war. Ich selbst kann mich nur an eine einzige Begebenheit erinnern, diesen Raum betreten zu haben. Mein Vater war erkrankt, übrigens auch so eine seltene Tatsache; da durfte ich kurz mal reinschauen. Neben dem Wohnraum gab es noch die vorher erwähnte „Gute Stube". Im Flur, dem noch eine Veranda vorgebaut war, befand sich der Treppenaufgang zum Dachgeschoß.
Von der oberen Diele ging man in die einzelnen Schlafzimmer, insgesamt vier Räume. Auch für damalige Verhältnisse schon außergewöhnlich, hatten wir eine Handmangel. Wie sich das so ge-

hörte, waren wir Jungen abwechselnd eingesetzt, die Mangel zu bedienen. Mutter legte die Wäsche ein und wir bedienten das Handrad.

Eine schmale Treppe führte noch zum Spitzboden. Er war Lagerplatz für alles Ausgediente, was noch zu schade zum Entsorgen war. Außerdem war er auch Wäschetrockenplatz in der Winterzeit. Da der Spitzboden nicht wärmegedämmt war und der schlesische Winter oft recht kalt wurde, war die Wäsche steif gefroren. Angeblich soll das der Wäsche gut getan haben.

Gleich im unteren Flur war der Zugang zum Büro, Zentrale für die gesamte Betriebsabwicklung. Während der Bürozeiten war eine Kontoristin, Frau Rademacher, ständig anwesend. Zeitweilig war meine Cousine Evchen, die aus Berlin-Spandau kam, ebenfalls zur Unterstützung von Frau Rademacher mit allen anfallenden Büroarbeiten beschäftigt.

Die technische Abwicklung erledigten mein Vater und mein Bruder Herbert, der ja das Maurerhandwerk erlernt hatte und seinen Abschluss auf der Staatl. Baugewerkenschule in Breslau gemacht hatte. Da mein Bruder Herbert 1937 aktiv zur Wehrmacht musste, wurde ich schon früh zu einfachen Zeichenarbeiten und Anfertigung von Aufstellungen usw. herangezogen. Das hat nicht nur Spaß gemacht, das brachte auch etwas für meine Taschengeldkasse ein.

„Was Hänschen nicht lernt, lernt Hans nimmermehr"

So lautet ein geflügeltes Sprichwort. Nun, ich möchte nicht behaupten, dass ich ein wissensdurstiger Junge war, wie das so oft richtig ist, möglichst nicht nach oben und auch nicht nach unter aufzufallen. Zu dieser Sorte habe ich wohl in meiner Schulzeit gehört.
Ostern 1931 wurde ich in die evangelische Volksschule in Breslau-Altstabelwitz eingeschult. Wir hatten in dieser Schule gemischte Klassen, also Mädchen und Jungen. Ich war somit von Anfang an daran gewöhnt, dass Mädchen ihre Hausaufgaben regelmäßiger erledigen, als dies bei uns Jungen der Fall war. Und wenn man das entsprechende Etwas hatte, war es fast immer möglich, die eventuell fehlenden Hausaufgaben vor Beginn des Unterrichtes von einem lieben Mädchen zu bekommen.
Meine Stärken in den einzelnen Fächern stellten sich bald heraus. So bereitete mir das Rechnen absolut keine Schwierigkeiten und im Fach Deutsch lag meine Stärke beim Aufsatzschreiben. Die Zuneigung zu Diktaten hielt sich dagegen in Grenzen. Bis heute habe ich mit der Interpunktion und wann ich „s" oder „ß" schreiben muss, so meine Probleme.
Ab dem Jahre 1933, als ich in der 3. Klasse war, kam eine große Umwälzung auf uns zu. Normalerweise hatten wir auch am Samstag Unterricht. Durch einen Erlass bekamen alle Mädchen und

Jungen „Schulfrei", wenn sie den Jungmädeln oder Pimpfen beitraten. Dann waren Geländespiele oder Fahrten angesetzt. Dieser Tausch hatte natürlich einen ungeheuren Anreiz, so dass die Zahl der Schüler, die samstags noch in die Schule gingen, rapide abnahm. Selbst die Tatsache, dass diese Aktivitäten der Hitlerjugend viel mehr Zeit in Anspruch nahmen, wurde billigend in Kauf genommen.
Bei den Geländespielen, die im Raum Stabelwitz, Weistritz, Herrnprotsch und Odergebiet stattfanden, holten wir uns schon mal blutende Nasen und sonstige Verletzungen. Aber eine Woche später sorgten wir für ausgleichende Gerechtigkeit.
Wenn ich das Thema Hitlerjugend ganz ausklammern würde, dann könnte der Eindruck entstehen, ich wolle etwas verschweigen. Es war nun einmal eine Tatsache, dass mit der Machtübernahme des „Führers" auch und besonders der Jugend besondere Aufgaben zugeordnet wurden. Die Planungen, die angestellt wurden gingen ja wohl davon aus, dass diese Regierungsform – die Diktatur – eine lange Zeitspanne die Macht ausüben sollte und dabei spielte die Jugend eine ganz wichtige Rolle.

Wir als junge Generation sollten ja die Aufgaben übernehmen und weiterführen, die die Partei eingeleitet hatte. Nun sollte bei uns nicht der Eindruck entstehen, es stecke Zwang dahinter. Natürlich war es so, nur wir als junge Menschen haben das nicht so empfunden, zumindest nicht bei den Pimpfen. In den örtlichen Gruppen waren Spiel, Sport und ju-

gendgerechte Veranstaltungen gefragt. Ich hatte in der Zeit nie das Gefühl, etwas unrechtes zu tun. Es machten ja auch alle mit. Heute weiß ich die damalige „Betreuung" anders einzuschätzen.
„Wie könnt ihr nur dieses verbrecherische System durch Euer Mitmachen unterstützt haben?" So ähnlich könnte die heutige junge Generation uns fragen. Ganz einfach – wir haben es nicht erkannt, dass wir eingeplant waren in das Vorhaben. Entweder waren wir zu dumm oder man hat uns geschickt missbraucht.
Erschwerend kam noch dazu, dass Presse und Rundfunk gleichgeschaltet waren. Wir hatten keine Möglichkeit an andere Informationen zu gelangen wie dies in der heutigen Zeit gang und gebe ist.
Im vermutlich abgeklärten Alter würde ich heute auch fragen, wie konnten wir nur? Ich habe wiederum Angst, dass in den heutigen Tagen die Jugend wieder für etwas begeistert oder durch Medien beeinflusst wird, wo kritisches Hinterfragen angebracht wäre.

Nicht so sehr im politischen Bereich, Dumme und Unverbesserliche wird es immer geben, aber mir macht Sorge, wie Jugendliche von so genannten Stars mit lärmender, niveauloser Musik oder was man davon hält, voll gedröhnt werden und in nicht nachvollziehbare Hysterie verfallen.

Meine schulischen Leistungen bewegten sich in einem Rahmen, der die berechtigte Hoffnung zuließ, dass ich den Anforderungen der Mittelschule

gerecht werden könnte.
So geschah es dann auch. Ab Ostern 1935 wurde ich in die Mittelschule in Breslau-Lissa umgeschult. Auch hier wieder gemischte Klassen und, wie ich fand, auch nette und ordentliche Mitschülerinnen und Mitschüler. Selbst an unseren Paukern gab es nichts Wesentliches auszusetzen. Gelegentliche Differenzen wurden meist kurzfristig behoben, wobei die Lehrkräfte oft das bessere Ende für sich in Anspruch nahmen.

Im Rechnen und Raumlehre war ich bald in der Spitzengruppe der Klasse. Dies war vor allem unserem Mathelehrer, Herrn Mischke, zu verdanken. Er hatte mich, so kann ich es sagen, so richtig ins Herz geschlossen, und ich dankte ihm mit guter Mitarbeit. Mein Rat war bei meinen Mitschülerinnen sehr gefragt. Da ich zugegebener Weise auch einige Schwachstellen in anderen Fächern hatte, fand ein reger Austausch von Hausarbeiten statt. Leider wurde Herr Mischke 1939 pensioniert, und dies hatte für mich ganz entscheidende Auswirkungen.

Als Fremdsprache hatten wir Französisch. Da mir niemand so genau erklären konnte, warum ich Französisch lernen sollte, war mein Interesse am Unterricht ausgesprochen gering. Meine Zeugnisnote war dementsprechend tief im Keller. Einmal habe ich es jedenfalls geschafft, meine Französisch-Madame total zu überraschen. Die Klasse paukte gerade ein französisches Gedicht ein und unsere Lehrerin kündigte an, dieses Gedicht als Klassenarbeit schreiben zu lassen. Ich weiß es bis heute noch nicht, aus welchem Grund ich nun dieses Gedicht gelernt hatte. Die Frucht meiner Bemühungen konnte ich in der nächsten Französisch-Stunde einheimsen. Unsere Lehrerin hatte noch nicht den Raum richtig betreten, kam schon der Befehl, ich möchte sofort an das Pult treten und dieses Gedicht aufsagen. Genau diese Reaktion hatte ich erwartet, und ohne einen Versprecher habe ich das Gedicht vorgetragen. – Einzige Stellungnahme meiner Lehrerin:" Das war Dein stilles Glück!" Für mich aber auch nur eine vorübergehende Verbesserung meiner Zeugnisnote. Im nächsten Jahr war ich wieder auf meiner Standardnote, einer satten Fünf.

Wie ich bereits erwähnt habe, war der Weggang meines Mathelehrers ein einschneidendes Ereignis. Dies hat sich aber erst Jahre später für mich als Glücksfall herausgestellt.

Als Nachfolger von Herrn Mischke bekamen wir Herrn Strietzel in Mathe und Deutsch als Klassenlehrer. Heute würden wir sagen: „Jung und dynamisch!" Für uns Schüler war er sehr gewöhnungsbedürftig. Ein ganz anderer Typ als unser „Vater" Mischke.

Eine Klasse kann sich natürlich schnell auf einen vermeintlich ungeliebten Lehrer einstellen. So wurde systematisch kleiner Widerstand organisiert. Ich war von den Strafmaßnahmen des Herrn Strietzel ebenfalls betroffen. Wegen „schwatzen" wurde ich in die erste Reihe versetzt. Wobei nach kurzer Zeit die ersten zwei Reihen von Strafversetzten eingenommen waren. Auf Absprache untereinander, drehten wir uns gleichzeitig immer in die Richtung des Lehrers. Herr Strietzel hatte nämlich die Angewohnheit, ständig in den Gängen der Sitzreihen herumzugehen. Unser Verhalten muss ihn wohl mächtig gewurmt haben. Wir alle bekamen einen Tadel ins Klassenbuch.

Am Ende des achten Schuljahres, d.h. Ende meiner Schulpflicht, trug sich dann im Matheunterricht etwas Ungewöhnliches zu. Ich hatte mal wieder auf die selbst gemachten Hausarbeiten verzichtet und den etwas bequemeren Weg des „Abschreibens" bevorzugt.

Nun war bei den Hausarbeiten eine Mehrsatzaufgabe enthalten, die von der Klasse unterschiedlich gelöst wurde. Nach Abfrage blieben nur zwei richtige Lösungen übrig. Dies waren die Lösungen von Eleonore und von mir. Pech für mich, dass die Lösungsansätze auf Punkt und Komma identisch waren, mit denen von meiner Mitschülerin Eleonore. Erschwerend für mich kam hinzu, dass ich sehr standfest behauptet hatte, die Aufgabe selbständig gelöst zu haben. Also ist Herr Strietzel ausgerastet und hat mir vor versammelter Klasse eine kräftige Ohrfeige verabreicht. Anmerkung: Züchtigung war damals noch erlaubt. Aus heutiger Sicht hat Herr Strietzel vollkommen korrekt gehandelt. Meine damalige Ansicht war eine ganz andere.

Unbedingt erwähnen muss ich noch ein Erlebnis,

dass in dieser Form heute kaum mehr möglich ist. Die Überschrift könnte lauten: „Eine Schlittschuhtour ist lustig."

„Eine Schlittschuhtour ist lustig" dies ist eine kleine Anleihe aus einem bekannten Volkslied „Eine Schlittenfahrt ist lustig". Aber hier ist eine Schlittschuhtour gemeint.

Werner und ich waren in Neu- bzw. Alt-Stabelwitz zu Hause. Damit erst einmal überhaupt kein Rätselraten aufkommt, wo diese Orte wohl liegen könnten, hier eine grobe Beschreibung. Stabelwitz, ein Vorort von Groß-Breslau, liegt in Mittelniederschlesien, also dem heutigen Polen. Ganz in der Nähe, etwa fünf bis sechs Kilometer entfernt, an der ehemaligen Reichsstraße Nr. 5, Richtung Liegnitz-Berlin, das ebenfalls eingemeindete Deutsch-Lissa und damit geschichtskundige Leser die Gegend noch genauer einordnen können: ein paar Kilometer weiter nördlich der bekannte Ort Leuthen – Schlacht bei Leuthen 1757 -.
Ist nun alles klar, wo sich die nachfolgende „lustige Schlittschuhtour" abgespielt hat?

Werner und ich hatten die Grundschule recht ordentlich hinter uns gebracht und bekamen also die Empfehlung zum Besuch der Mittelschule in Deutsch-Lissa; Heute würde man von einer Realschule sprechen. Normalerweise bewältigten wir den Schulweg mit dem Fahrrad, nur bei schlechtem Wetter wurden wir mit dem Auto trockenen Fußes zur Schule gebracht.

Es war Winter. Ein recht kräftiger Winter, mit viel Kälte und Schnee. Mit dem Fahrrad war es nicht unbedingt ein Vergnügen. Also entweder zu Fuß, was auch so seine Tücken hatte, oder die Väter mussten den Transport übernehmen. Es lässt sich nicht mehr mit Sicherheit sagen, ob Werner oder ich zuerst auf die glorreiche Idee kamen den Schulweg auf den zugefrorenen kleinen Fluss zu verlegen, der aus der Gegend des Zobtenberges (im schlesischen Dialekt: Zotabärg) kam und in die Oder mündete.

„Mensch, Hans, das machen wir, wir schnallen uns die Schlittschuhe unter und dann geht es nach Deutsch-Lissa auf der Weistritz!", begeisterte sich Werner. Wir beide waren Feuer und Flamme bei dem Gedanken, die Bewältigung des Schulweges als sportliche Herausforderung zu nehmen.

Da die Schule um 8:00 Uhr begann, planten wir den Zeitaufwand mit einer Stunde ein. Da Werner in Alt-Stabelwitz wohnte, wurde der Treffpunkt in die Nähe der Badeanstalt verlegt. Ich hatte den weiteren Anmarschweg, traf aber pünktlich um 7:00 Uhr am Startpunkt ein. Auch Werner war pünktlich zur Stelle

„Das ist heute aber saukalt", begrüßte ich ihn, denn trotz dicker Handschuhe und dreimal um den Hals gewickeltem Schal, fröstelte ich mächtig. Alsbald begaben wir uns auf das Eis, das leider ganz zerklüftet war, denn es hatte sich beim Gefrieren in

Platten über- und untereinander geschoben, so dass von einer plan ebenen Fläche nichts zu sehen war. Es wäre sicher klug gewesen, das Eis vorher einer Kontrolle zu unterziehen, ehe man das Abenteuer startete, aber nun ja. Werner machte uns Mut und sagte: „Vielleicht ist es nur hier so ungünstig, dort hinter der Flussbiegung wird alles in Ordnung sein!"

Na gut, also Schlittschuhe angeschnallt - eigentlich eine falsche Formulierung. Wir hatten Kufen, versehen mit Klemmbacken und Lederriemen und die befestigten wir an unseren normalen Winterschuhen. Mit einem Vierkantschlüssel wurden sie an den Absatz des Schuhes festgeschraubt und die Lederriemen über dem Fußspann festgezurrt. Da diese Arbeiten ohne Handschuhe erledigt werden mussten und 20 Grad Kälte herrschten, war die Funktionsfähigkeit unserer Finger stark eingeschränkt. Außerdem war es fast noch dunkel, sozusagen schummerig. Die Kälte krallte sich am Gesicht fest und beim Atmen entwich eine mächtige Nebelwolke, die sich zum Teil auf der Gesichtshaut niederschlug. Obgleich wir nicht erkältet waren, liefen unsere Nasen; dadurch bildeten sich kleine Eiszapfen, die immer wieder abgebrochen werden mussten. Es sah sicherlich ganz ulkig aus, aber wir hatten ja keine Beobachter.

Endlich hatten wir es geschafft und konnten durchatmen – aber leider nicht etwa durch schwungvolles Gleiten, i wo, durch die Plattenbildung staksten wir Schritt für Schritt über die Eisfläche. Werners

Vorhersage, dass es nach der Flusskurve besser würde, erwies sich als reines Wunschdenken. Bei dieser Sachlage war es an der Zeit, einmal über den Sinn - oder besser Unsinn - unseres Unternehmens nachzudenken. Manch deftiger Fluch verließ unsere Lippen, obgleich auch das nicht ganz einfach war, denn unsere Gesichter waren fast erstarrt vor Kälte.

„Hast Du schon mal zur Uhr geguckt?" fragte ich Werner. „Oh Gott, es ist ja schon ein Viertel vor acht und wir haben kaum einen Kilometer geschafft." Nun war guter Rat teuer. Aber wir hatten uns nun mal die Sache eingebrockt und mussten durchhalten bis zum bitteren Ende. Immerhin stand ja in Aussicht, dass wir von unseren Lehrern und Mitschülern, vor allem Mitschülerinnen, für unsere stramme Leistung gelobt und gebührend gefeiert werden würden. Ehrlich gesagt, hatten wir bei der Planung im Stillen gehofft, bei den Mädchen unserer Klasse viel Eindruck zu hinterlassen und welcher Junge verzichtet darauf schon gern.

Nass geschwitzt! Trotz der klirrenden Kälte erreichten Werner und ich schließlich Breslau-Lissa und die letzten 500 Meter gingen wir mit geschulterten Schlittschuhen zum Schul- gebäude. Die erste Unterrichtsstunde war bereits vorbei. Wenn man, aus welchen Gründen auch immer, einmal zu spät zur Schule kommt, begleitet einem stets ein komisches Gefühl. Wie wird meine Entschuldigung aufgenommen...? Diesmal aber verschwendeten wir darauf keinen Gedanken. Stolz auf unserer Leistung marschierten wir ins Klassenzimmer, blieben vor Lehrer, Klassenkameradinnen und Kumpels stehen, erklärten, warum wir so spät kamen und erwarteten einen gebührenden Empfang.

Wir müssen einen erbärmlichen Eindruck gemacht haben: Haare, Augenbrauen, Gesicht und Kleidung bedeckt mit einer bizarren Eisschicht, die Schlittschuhe zusammen- gebunden über der Schulter so präsentierten wir uns. Ich habe zwar im Original noch keinen Menschen gesehen, der aus Sibirien kommt, aber so ähnlich müssen wir wohl ausgesehen haben.

Wer nun glaubt, die Lehrer und Mitschüler hätten die erbrachte Leistung anerkannt, wird mächtig enttäuscht. Häme und Schadenfreude von allen Seiten, wobei sich die Mädchen besonders negativ zeigten. „Wenn ihr nicht Schlittschuh fahren könnt, dann müsst ihr es mal mit dem Schlitten versuchen!" Das waren noch die harmlosesten Sticheleien. Der Hammer sollte dem Klassenlehrer vorbehalten sein. „Da Ihr die Schulstunde geschwänzt habt, schreibt ihr als Strafe 100 Mal „Ich soll pünktlich zur Schule kommen".

So ganz unzufrieden waren wir trotzdem nicht, denn schließlich hatten wir bewiesen, dass wir eine ganze Menge Belastungen aushalten konnten; außerdem vertieften Werner und ich unsere Freundschaft. Aus weiter Ferne betrachtet, sage ich: Es hat einen Riesenspaß gemacht! Und heute, nach über 70 Jahren, macht es mir noch immer

Freude, das Erlebnis schildern zu dürfen. . Hätte ich es nicht erlebt, über was sollte ich sonst schreiben? - Doch Spaß beiseite, es ist überliefert, dass weder Werner noch ich jemals wieder auf Schlittschuhen gestanden haben.

Hinein in die Berufsausbildung

In den Osterferien, also im April, fing mein Cousin Manfred Eckert bei meinem Vater die Zimmererlehre an. Was lag da näher, auch für mich zu überlegen, ob ich mich von der Schule verabschieden sollte. Mein beruflicher Weg war ja eigentlich klar. In die Schule gehen wollte ich nicht mehr, nur, wie sage ich das meinem Vater. Mit leicht zitternden Knien hatte ich meinen Vater angesprochen und darum gebeten, ob ich nicht auch das Zimmererhandwerk erlernen könnte.

Jemand, der meinen Vater nicht kannte, käme auf den Gedanken, da folgt eine hitzige Diskussion über die Vorzüge einer guten schulischen Bildung. Weit gefehlt – mein Vater setzte sich an den Schreibtisch, schrieb den Bestellschein für mein „Bundgeschirr" (Werkzeug des Zimmermannes). „Morgen 7:00 Uhr in der Werkstatt". Das war der Kommentar meines Vaters. So einfach vollzog sich meine Wandlung vom Mittelschüler zum Lehrling.

Ab 01.April 1939 war ich nun Zimmererlehrling im Betrieb meines Vaters. Es war doch eine gewaltige Umstellung vom Schüler zum Lehrling. Was so auf dem Zimmerplatz alles passiert, das kannte ich ja alles. Ich war damit groß geworden. Nun war ich nicht mehr Zuschauer, sondern mittendrin. Es gab zwar keine Hausarbeiten zu erledigen, aber es taten sich andere, weit härtere Zwänge auf. Um 7:00

Uhr war Arbeitsbeginn und das jeden Tag der Woche. Arbeitszeit betrug damals noch 48 Stunden wöchentlich. Den ganzen Arbeitstag an der frischen Luft, von brütend heiß, aber auch Regen, Sturm, Kälte, Schnee und manchmal von allem etwas.

In der ersten Zeit kamen schon mal die Gedanken an die Schule, an die Mitschüler, an die Lehrkräfte – wie schön gemütlich es doch damals war. Was hatten wir geschimpft, wenn wir für drei Fächer jede Menge Hausaufgaben machen mussten. All das wurde ganz klein gegenüber den Anforderungen, die es jetzt zu bewältigen galt. Lehrjahre sind eben keine Herrenjahre.

Wie wahr ist dieser Spruch. Auf dem „Bau" waren z.T. raue Sitten angesagt. Auch die Sprache war so ganz anders, viel lauter, viel direkter und leider auch primitiver.
Ich musste erst mit den neuen Situationen fertig werden, und je mehr Tage vergingen, desto mehr gewöhnte ich mich an die veränderten Anforderungen.

Im Betrieb meines Vaters, so könnte jemand vermuten, hatte das Meistersöhnchen gewisse Vorteile oder Sonderrechte. Mir ist das nicht bewusst geworden. Ich möchte heute vermuten, dass mein Vater die Parole ausgegeben hatte, nehmt den Hans ruhig kräftig ran, damit aus ihm ein guter Fachmann wird. Da im Betrieb noch andere Lehrlinge waren, hätte es auch nicht gut ausgesehen, wenn ich eine „Extrawurst" gebraten bekommen hätte.

Im ersten der drei Lehrjahre war noch recht wenig berufliche Ausbildung erfolgt. Selbstverständlich musste ich unter Anleitung erfahrener Gesellen erste handwerkliche Arbeiten ausführen, aber die Hauptaufgaben der Lehrlinge im ersten Lehrjahr waren anderer Natur. „Einkaufen", das war so eine Aufgabe. Es gab ja zwei Pausen von jeweils 30 Minuten, einmal als Frühstück von 9:00 bis 9:30 Uhr und dann die Mittagspause von 12:30 bis 13:00 Uhr. Für diese Pausen mussten wir, die jüngsten Lehrlinge, von den Gesellen Bestellungen aufnehmen und in den Geschäften diese Dinge besorgen. Also beim Bäcker, Schlachter, Kolonialwarenhändler nach Liste einkaufen. Wenn man Pech hatte, waren 10 bis 15 Gesellen auf dem Zimmerplatz, und jeder hatte nun seine Sonderwünsche. Harte Mettwurst, Leberwurst, fetten Speck, Gurken, Semmeln, Brot, Senf, Bier, Schnaps, um nur einige Artikel aufzuzählen. Es waren sicher noch viel mehr und es lag natürlich sehr nahe, dass man höllisch aufpassen musste, dass jeder seinen Wunsch erfüllt bekam. Unterlief mir ein Fehler, dann musste ich nochmals los und die halbstündige Pause war dahin.

In der Werkstatt stand noch ein alter Küchenherd. Auf der Platte wurde normal der Knochenleim erhitzt. Zur Frühstücks – und Mittagszeit musste der „Einkaufslehrling" auch den Kaffee oder Tee aufwärmen, den die Gesellen von zu Hause mitgebracht hatten. Dem Einen war dann der Kaffee zu heiß, ein anderer meckerte über zu lauen Tee. Vom Duft, der in der Werkstatt durch den Knochenleim verursacht wurde und sehr gewöhnungsbedürftig war, ließen sich die Gesellen nicht abschrecken.

Es wird jedem Leser einleuchten, dass alle Besorgungen einige Zeit beanspruchen und in der Woche, wo ich dran war, kam ich kaum zu einer anderen Arbeit. Abrechnen musste ich auch noch, und da zu damaliger Zeit viele Dinge nur Pfennige kosteten, war das eine zeitraubende Aufgabe. Diese Prozedur wiederholte sich zur Mittagspause noch einmal. Trotzdem die Einkaufswoche schon eine ziemliche Belastung war, bot sie doch eine angenehme Nebenerscheinung: wenn man bei der Abrechnung gut „gerundet" hatte, blieben meist einige Beträge übrig, die dann eine willkommene Bereicherung des Taschengeldes bedeuteten. Damals waren neun Pfennige mein umgerechneter Stundenlohn im ersten Lehrjahr.

Damit nicht der Eindruck entsteht, die Lehrzeit, die ich durchlebt habe, bestand nur aus Nebentätigkeiten – nein, ich musste auch beruflich ran. Nun darf man sich das nicht so vorstellen, da soll ein Loch gestemmt werden; also Stemmmaschine her und fertig. Nein, weit gefehlt. – Stemmeisen und Klopfholz waren die gefragten Handwerkzeuge. Da kam es schon des Öfteren vor, dass ich tagelang Löcher stemmen oder mit der Schrotsäge Zapfen ansägen musste.

Es sollte auch nicht unerwähnt bleiben, dass meine Ausbilder, also Poliere und Gesellen, sehr großen Wert auf eine gute Anleitung legten. Damit konnten sie natürlich im Ansehen meines Vaters steigen, und dies war ein nicht zu verachtender Nebeneffekt. Wie gesagt, mein Vater war ein absoluter Fachmann, sein Urteil war korrekt und unantastbar. Wenn aus seinem Mund ein Lob kam, dann war es sicher eine seltene Begebenheit, aber jeder wusste, das anerkennende Wort war ehrlich gemeint.

Meine Lehre fiel in die Zeit des zweiten Weltkrieges. Viele unserer Mitarbeiter wurden zur Wehrmacht eingezogen. Wir in unserem Betrieb bauten für die Wehrmacht und Arbeitsdienst Baracken, dadurch wurden einige Mitarbeiter vom Wehrdienst befreit. Da durch andere gesetzte Prioritäten die allgemeine Bautätigkeit nachließ, war der Wehrmachts-auftrag für unseren Betrieb äußerst wichtig.

Ich kann mich noch gut an eine Betriebsbesichtigung erinnern. Eine Kommission sollte überprüfen, ob ein neuer Pauschalauftrag zur Herstellung von monatlich drei Baracken an uns erteilt werden könnte. Mein Vater hatte die Anweisung erteilt, dass, sobald die Herren der Kommission die Werkhalle betreten, alle möglichen Maschinen in Gang gesetzt würden und jeder Mitarbeiter heftig auf die Werkstücke einschlagen sollte. Dies verursachte einen höllischen Lärm, der die Prüfer stark beeinflusst haben musste. Wir bekamen den erwünschten Folgeauftrag.

Meine Brüder waren alle zum Wehrdienst eingezogen, ich war der einzige Sohn, der noch in der Firma tätig war. Wie ich schon beschrieben habe, wurden fast alle Dienstleistungen, die mit den Aufträgen zusammenhingen, in unserem Büro erledigt. Meinem Vater wuchs damit eine schier unlösbare Mehrarbeit zu. Er war der Einzige, der diese technischen Aufgaben lösen musste. Vor diesem Hintergrund war es erklärlich, dass er nach Lösungen suchte. Also war ich dazu auserkoren, unter seiner Anleitung einen Teil dieser Aufgaben zu erledigen. Dies hatte zur Folge, dass ich je nach Arbeitsanfall am Zeichentisch tätig war und so einen für mich wichtigen Einblick auf die andere Seite meines Berufes bekam.

Mit den anderen Lehrlingen verband mich ein gutes Verhältnis. Möglicherweise auch dadurch, dass, wenn wir was „ausgefressen" hatten, sie sich hinter mich verstecken konnten. „Der Meistersohn hat ja mitgemacht". So hieß es dann immer, wenn es mal brenzlig wurde.

Eine solche, nicht ganz saubere Aktion, hatten wir zum Nachteil eines Altgesellen gestartet. Während der Pausen veranstalteten wir einen Wettkampf mit dem Luftgewehr. Ich hatte ein solches zu Weihnachten geschenkt bekommen. Also eine Scheibe an einen Werkzeugschrank, schon war der Wettkampf zur Ermittlung des besten Schützen eröffnet. Ich kann es nicht mehr sagen, wieso wir eines Tages ein neues Ziel ausgemacht hatten. Unser Altgeselle hatte ein paar Tage Urlaub genommen und legte nun seine „Bombe" (ein Rundzylinder, der damals von den Zimmerleuten getragen wurde) auf die Hobelbank. Ein Probeschuss auf diese „Bombe". Das Geschoss, ein Pfeil mit einem Federbusch, durchschlug den Filz dieses Hutes und blieb innerhalb desselben liegen. Dies machte natürlich einen Heidenspaß und nach zwei Pausen hatten wir diese „Bombe" total durchlöchert. Der Altgeselle kam vom Urlaub zurück und traute seinen Augen nicht. Er hatte nun eine „Bombe mit Lüftung". Dies gefiel ihm aber gar nicht und er informierte meinen Vater. Um es kurz zu machen, ich war als Besitzer des Luftgewehres schnell ausgemacht, und die Reaktion meines Vaters war sehr eindeutig. Er drückte mich über die Hobelbank und mit der langen Seite eines Winkeleisens bekam ich schmerzlich meine Strafe. Übrigens, ein ganz seltenes Strafgericht, denn mein Vater bestrafte sonst mit seinen Augen. Damit erreichte er mehr als mit Prügel.

Selbstverständlich hatte mein Vater mit mir noch einiges vor. Bedingt durch die Situation des Krieges hatte mein Vater sicher überlegt, ob es nicht sinnvoll sein könnte, mich an höherwertige Aufgaben heranzuführen. Wie gesagt, ich war ja noch in der Lehrzeit. Trotzdem nahm er Verbindung mit der Staatl. Baugewerkenschule zu Breslau auf, so kam es, dass ich im dritten Lehrjahr schon das erste Semester an dieser Ausbildungsstätte absolvieren konnte. Ich hatte auch recht viel Freude an dem Unterricht, der mir auch den Blick auf die theoretische Seite meines Berufes schärfte. Zu der damaligen Zeit war es im Studium Pflicht, eine Praxistätigkeit abzuleisten. Ich meldete mich daraufhin zu einer Dienststelle „Aufbau Ost". Unsere Aufgabe war es, im besetzten Polen Betriebe baulich zu sanieren, d. h. Planung, Ausschreibung, Bauüberwachung und Abrechnung. Wir waren ein kleines Team und erlangten durch unsere sorgfältige Auftragsabwicklung ein hervor-ragendes Ansehen bei unseren Kunden.

Diese Tätigkeiten sollten für mich in den Nachkriegsjahren von großem Wert sein. Doch das wusste ich zu diesem Zeitpunkt noch nicht. Der Nachteil für den Betrieb meines Vaters war die Abwesenheit des letzten Sohnes und für mich persönlich fehlte die praktische Ausbildung. Eines Tages bekam ich dringende Post von zu Hause, denn die Gesellenprüfung stand an. Also musste ich zurück nach Breslau, und unter Anleitung meines Zimmerpoliers erstellte ich einige Gesellenstücke zur Probe.

Es kam der große Tag. Zwanzig Lehrlinge aus den Betrieben Breslaus stellten sich den Prüfungsaufgaben, die vorher ausgelost wurden. Ich musste einen Schleifsteinbock anfertigen. Eine verteufelt schwierige Aufgabe. Die Prüfung wurde im Betrieb des Lehrlingswartes abgewickelt. Der Lehrlingsmeister war ein unangenehmer Vertreter seines Faches und galt auch nicht gerade als ein Freund meines Vaters. Aber das Glück war auf meiner Seite. Der Altgeselle, der die Prüfung beaufsichtigte, war ein guter Freund meines Vaters, und ehe ich mich umsah, waren meine Hölzer bereits gehobelt. Daran sieht man, dass auch schon zu damaliger Zeit nicht alles mit rechten Dingen zuging. Ich bestand meine Prüfung in Theorie und Praxis mit „Gut".

Ich habe bisher meine Lehrzeit, so glaube ich, etwas zu einseitig geschildert. Immer erwähnte ich nur meinen Vater, dabei spielte meine Mutter während dieser Zeit auch eine wichtige Rolle. Unser Betrieb lag ja mitten in einer Neubausiedlung. Da brauchte der eine oder andere mal einen Sack Zement, Dachlatten, Hölzer oder ein paar Bretter. Wie sagt man dazu, das war der Kleinverkauf. Diesen Kleinverkauf wickelten nach der Betriebszeit meine Mutter und ich als ihr Helfer ab. Der Erlös dieser Kleinverkäufe diente uns beiden, also meiner Mutter und mir, zur Aufbesserung der Haushaltskasse bzw. meines Taschengeldes. Der Betrieb hat dieses Nebengeschäft gut verkraftet.

Mein Bruder Artur baute in Masselwitz ein Einfamilienhaus. Er hatte die Gretel Janus geheiratet. Artur sollte auf diesem Grundstück eine Kohlenhandlung eröffnen, denn im Anschluss an sein Anwesen wurde eine große Siedlung erbaut. Die Kohlenhandlung lief erfolgreich, nur mein Bruder musste kurz nach der Geschäftseröffnung zum Wehrdienst. Meine Schwägerin stand nun allein vor dieser gewiss nicht leichten Aufgabe. Schon, den Betrieb zu führen, war nicht leicht. Der Umgang mit der Ware, die schweren Säcke, das Abfüllen, erforderte schon einen gewaltigen Kraftaufwand – und das alles von einer jungen Frau. So oft ich konnte, also Zeit hatte, fuhr ich nach Masselwitz und unterstützte meine Schwägerin.

Nie wieder Krieg

Während meines Praxiseinsatzes im „Aufbau Ost" erreichte mich nicht nur die Einladung zur Gesellenprüfung, sondern auch der Einberufungsbefehl zum Arbeitsdienst. Der Arbeits-dienst war eine paramilitärische Organisation, die eine so genannte vormilitärische Ausbildung beinhaltete und gleichzeitig verschiedene Aufgaben in der Landschaft übernahm. Mein Lager war in der Nähe von Salzburg, also auf heutigem Gebiet Österreichs. In dem halben Jahr, welches ich dort verbrachte, wurde ich weitestgehend vom Einsatz mit Spaten und Schaufel verschont. Ich, als gelernter Zimmermann, musste eine Kolonne zum Bau von Regalen leiten. Aus Mangel an genügend neuer Arbeit haben wir ganze Mengen Regale erst einmal aufgebaut, wieder entfernt und an anderer Stelle erneut zusammen geschraubt.

Der Spaten war das Gewehr des Arbeits-Dienstmannes. Er musste mit der gleichen Hingabe geputzt, geputzt und nochmals geputzt werden, später taten wir das gleiche mit dem Gewehr bei der Wehrmacht.

Schon im Arbeitsdienstlager erreichte mich dann die Einberufung zur Wehrmacht. Bedingt durch meinen Beruf, kam für mich nur der Einsatz bei den Pionieren in Frage. Ganz in der Nähe von Neustabelwitz lag Breslau-Kosel, ebenfalls ein Vorort des Stadtgebietes von Breslau. Der Kasernenkomplex lag direkt an der Oder. Also ideale Bedingungen für die Ausbildung als Pionier.

Das Breslauer Pionierbataillon 48 war ein Traditionsverband innerhalb der Wehrmacht. Bei den „48er" hatte auch mein Bruder Herbert, der schon 1937 zum allgemeinen Wehrdienst eingezogen wurde, gedient. Um es vorweg zu sagen, es gibt sicherlich bessere Zeitvertreibe als bei der Wehrmacht, die auf drei Monate festgesetzte Grundausbildung zu absolvieren.

Ich hatte in meiner Ausbildungsgruppe noch relativ viel Glück. Wir hatten noch einen halbwegs anständigen Gruppenführer. Was dort unter der Bezeichnung „Drill" abläuft, hat mit einer Ausbildung als Soldat wenig zu tun. Da wird brutal der eigenverantwortliche Wille durch menschenunwürdige Behandlung gebrochen. Wenn auch eine gewisse Härte im Soldatenleben vonnöten ist, so waren viele Ausbilder von ihrem Charakter her nicht in der Lage, eine sinnvolle Schulung anzubieten und umzusetzen.

Auch mit den besten Ausbildern hatte man an vielen Tagen die Nase gestrichen voll, trotzdem gab es auch viele Momente, die richtiggehend Spaß machten. Es ist über das Kasernenleben schon einiges gesagt worden. Deshalb möchte ich auf langatmige Schilderungen verzichten. Ich muss mich wohl nicht ganz dumm angestellt haben, denn ich wurde nach der Grund-ausbildung nicht sofort zum Fronteinsatz abkommandiert, sondern blieb in der Kaserne in Breslau-Kosel und wurde zur Ausbildungs-kompanie versetzt. In dieser Ausbildungsabteilung wurden Offiziers- und Reserve-Offiziers-Bewerber zusammengefasst und auf Führungsaufgaben vorbereitet. Die Anforderungen im Dienst wurden gegenüber der Grundausbildung nicht geringer. Den Unterschied machte einfach die bessere Eignung unserer Ausbilder aus.

In dem über einen Zeitraum eines halben Jahres dauernden Lehrganges stand in erster Linie die solide Ausbildung in allen Bereichen der Pioniere. Wir waren ja eine hochtechnische Truppe, die im Einsatz an der Front für die kämpfenden Einheiten die optimalen Voraussetzungen schaffen mussten. Der Standort, direkt an der Oder, bot für diese Ausbildung beste Bedingungen. Übungen, wie das Bauen von Pontonbrücken, Herrichten von Wegen für den Einsatz von schweren Fahrzeugen und Panzern standen auf der Tagesordnung.

Viel Spaß hatten wir bei der Ausbildung zum Sturmbootführer. Die mit einem leistungsstarken Außenbordmotor angetriebenen Kähne, flitzten mit einer beachtlichen Geschwindigkeit durch das Wasser. Man musste schon höllisch aufpassen, das Boot an die richtige Landungsstelle hinzuführen, um ein schnelles Aussteigen für die Besatzung zu erreichen. Da bei der Wehrmacht alles bis zum Erbrechen geübt wurde, hatten wir nach mehrwöchentlicher Wiederholung des Landungsmanövers den Bogen raus – und unsere Ausbilder waren zufrieden.

Unser Kompaniechef hatte auch keine große Meinung, bei schlechtem Wetter Außendienst anzusetzen, so dass dann Sandkastenspiele angesagt waren. Es hört sich ja etwas komisch an „Sandkastenspiele". Der Sinn dieser Ausbildung, für uns angehende Führungskräfte, war das richtige Verhalten bei unterschiedlichen Feindlagen. Meistens waren unsere Ausbilder mit unseren Lösungsvorschlägen nicht einverstanden. Also wurde solange „gespielt", bis die letzten Zweifel beseitigt waren.

Ein weiterer Bestandteil unserer Ausbildung war das Reiten. Nun müsste man fragen, wieso sollten Pioniere reiten? Diese Frage wurde nie einwandfrei beantwortet. Meine Vermutung ist, dass ein Offizier auch reiten können muss.

Wer mich näher kennt, wird wissen, dass der Umgang mit Pferden nicht gerade meine Lieblingsbeschäftigung war. Schon die Größenverhältnisse waren für mich mächtig abschreckend. Ich konnte kaum über das Pferd hinweggucken und sollte auch noch im Sattel sitzen. Auch das ist gewiss kein leichtes Unterfangen. Ein Fuß im Steigbügel, mit dem anderen abstoßen und dann auf den Sattel schwingen. So sollte das gemeinhin ablaufen, wenn nur dieser „Gaul" – sicher eine respektlose Sprache – stehen bleiben würde. So hopste ich die halbe Reitbahn, ein Bein im Steigbügel, das andere als Bodenstütze, immer den eigenwilligen Bewegungen des Reitpartners hinterher. All' das trug natürlich nicht dazu bei, meine Freude am Reitunterricht zu steigern. Als eine böswillige Zugabe, so sah ich das, waren noch die Sporen an den Stiefeln. Auch mein Reitpferd reagierte höchst unfreundlich auf Berührungen mit diesen Sporen. Es war sicher sehr gut, dass unser Reitlehrer die schlimmsten Attacken unterbinden konnte.

Die Reitstunden wirkten noch lange nach. Der Reitlehrer ermahnte uns ständig, ja die Oberschenkel fest an den Pferdekörper zu drücken, mit der schlimmen Folge, dass wir einen unheimlichen Muskelkater bekamen und erhebliche Mühe beim Laufen hatten.

Ich unterstelle, dass die Reitpferde über das Ende des Lehrganges genau so glücklich waren wie wir. Übrigens wusste ich gar nicht, dass ein Reiter im Sattel so weit von der Erde entfernt ist. Der Wunsch, abgesattelt zu werden, war deshalb nicht besonders groß.

Um uns auch auf dem gesellschaftlichen Sektor auszubilden und das „Benimm" im Offizierskorps zu lernen, mussten wir jeweils einmal in der Woche im Offizierskasino das Mittagessen einnehmen. Auf der einen Seite war es recht angenehm vom Personal bedient zu werden aber von unseren Ausbildungsoffizieren wurden wir scharf beobachtet. Mit einem" guten Appetit" eröffnete der Bataillonskommandeur das Essen, aber sobald er das Besteck zur Seite legte, war für Alle das Essen beendet. Ein Jammer nur, der hohe Herr hatte natürlich nicht so einen Kohldampf wie wir Rekruten.

Der Endeffekt war, wir jungen Leute konnten uns kaum satt essen. Ich persönlich hatte ja den unschätzbaren Vorteil, dass mein Elternhaus nur 10 Kilometer von der Kaserne entfernt war. Meine Mama sorgte dann für ihr Söhnchen mit köstlicher Zusatzverpflegung

Auch die längste Ausbildungszeit ist einmal zu Ende. Dekoriert als Gefreiter kam nun der Fronteinsatz. Mit dem nächsten Transport ging es zur Frontkompanie. Ein Bauteil der Ausbildung zum Offizier war die Bewährung als Gruppenführer. Meine zwölf Kameraden meiner Gruppe waren fast alle alte Hasen, d. h. altgediente Soldaten. Ich muss mich wohl ganz ordentlich eingeführt haben, und so konnte ich gerade an der Seite von diesen Front erfahrenen Kameraden viel lernen und für meine Aufgaben positiv verwerten.

Wir als Pioniere wurden je nach Lage an der Front zur technischen Lösung bestimmter Aufgaben eingesetzt. Unsere Gruppe war im direkten Hinterland der Front stationiert und sorgte für ungehinderten Nachschub für die kämpfende Truppe. Das Einsatzgebiet unseres Bataillons war der Weichselbogen bei Sandomir und die westliche Ukraine. Mein erster Fronteinsatz machte mir sehr deutlich, dass so ein Kriegseinsatz nichts mehr mit Spielereien zu tun hat. Da ging es schon um das blanke Überleben. Wir hatten mit unserer Kompanie einen Frontabschnitt abzusichern. Mit kleineren Stoßtruppeinsätzen von unserer und gegnerischer Seite wurden die Schwachstellen ausgelotet. Je besser die eigene Truppe mit Informationen versorgt war, desto mehr war man auf Eventualitäten vorbereitet.

Meine Gruppe musste nur einmal zu so einer Erkundung antreten. Um ehrlich zu sein, ich war froh, wieder heil bei den eigenen Stellungen angekommen zu sein. Bei einem russischen Überfall mussten wir leider den Verlust von vier Kameraden in Kauf nehmen.

Im Herbst/Winter 1944 starteten die Russen ihre große Offensive, die unsere Verbände dazu zwang, weite Gebiete aufzugeben und den Rückzug anzutreten.

Im Raum Czestochowa sollten wir durch wasserwirtschaftliche Maßnahmen die Landschaft für Panzereinsätze unnutzbar machen. Dazu verließen wir die Rollbahn, das heißt, wir mussten das von unseren Verbänden gesicherte Gebiet verlassen und abseits davon an einem Stauwerk die Anstaustufe erhöhen, damit die Felder überschwemmt werden konnten. Zu sagen ist, dass in diesem Gebiet mit Partisaneneinheiten zu rechnen war. Unsere Gruppe fuhr mit unserem schweren Henschel-Mannschaftswagen in das Einsatzgebiet, und wir wurden auf einer offenen Stelle durch Partisanen unter Beschuss genommen. Wir hatten absolut keine Chance. So wie wir vom Wagen sprangen, wurden wir aus sicherer Position heftig beschossen und innerhalb von wenigen Minuten waren acht Kameraden gefallen. Die vier übrig gebliebenen, zum Teil ebenfalls verwundeten Freunde, mussten die Flucht antreten. Über die Beschlagnahme eines Pferdefuhrwerkes, kamen wir zu unserem Ausgangsort zurück. Die zurückgelassenen, gefallenen Kameraden und das Fahrzeug wurden von einem Einsatzkommando zur Truppe zurückgebracht.

Von den vier Kameraden waren nur zwei unverletzt. Mein Fahrer erlitt einen Durchschuss des Beines, und ich wurde am Rücken verletzt. Wir beide kamen zusammen in ein Feldlazarett.

Die Ärzte sagten mir, dass ich einen Streifschuss bekommen habe. Die Wunde war relativ schnell verheilt, und meiner Entlassung aus dem Lazarett stand nichts mehr im Wege. Dazu kam es dann doch nicht, denn ich bekam eine ordentliche Mittelohrentzündung. Es dauerte einige Zeit, bis eine Ausheilung eintrat. Inzwischen war es Winter geworden und da ich nur eine Sommerausrüstung hatte, wurde ich erst einmal in die Heimatkaserne geschickt. Dort sollte ich neu eingekleidet werden. Aber glückliche Umstände führten dazu, dass ich vierzehn Tage Genesungsurlaub bekam.

Das mit dem Streifschuss hat mich nach ca. 15 Jahren noch einmal recht unangenehm beschäftigt. Ich spielte damals schon Handball – genauer gesagt – Feldhandball. Bei einem Spiel gegen Bockenem wurde ich durch einen Gegenspieler recht unsanft gerempelt, so dass ich mir zwei Rippenbrüche einhandelte. Mein Hausarzt verpflasterte mich mit Druckverbänden und außer Bewegungsbeschwerden und Atmungsproblemen überstand ich die Angelegenheit recht schnell und gut. Trotzdem schickte mich mein Arzt zur Nachkontrolle zu einem Röntgenarzt. Nach Betrachten des Bildes fragte er mich, ob ich wüsste, dass ein Infanteriegeschoss in meinem Rücken steckte. Nein, ich wusste es nicht. Also war das damals kein Streifschuss, sondern ein richtiger Treffer. Der Röntgenarzt beruhigte mich, die Patrone ist in Muskeln eingebettet und dürfte mir keine Probleme bereiten. Die Kenntnis, dass ich einen Fremdkörper mit mir herumschleppe, ließ mich erst mal recht vorsichtig zu Werke gehen. Die Patrone ist immer noch am alten Platz und dort wird sie vermutlich bis zu meinem Lebensende bleiben.

Der Russe kam mit seiner Offensive immer näher an die Stadt Breslau heran, und mein Heimat-Bataillon wurde zur Aushebung von Befestigungseinrichtungen im Osten Breslaus eingesetzt.

An dieser Stelle muss ich nochmals auf meinen Vater zurückkommen.

Er war nun ganz allein auf dem Betriebsgrundstück. Meine Mutter war mit wichtigen Papieren und sonstigen unersetzlichen Utensilien mit einigen befreundeten Frauen Richtung Tschechei also Sudetenland – so hieß das damals - aufgebrochen, denn es war absehbar, dass Breslau das Angriffsziel der russischen Armee werden würde. Die einhellige Meinung war, wenn man aus der Gefahrenzone heraus wollte, dann eben nur in Richtung

Riesengebirge.

Mit Hilfe der wenigen noch im Betrieb tätigen Mitarbeiter wurden Holzkisten zusammen gezimmert, innen mit Pappe ausgeschlagen und unter Holzstapeln vergraben. Gefüllt mit Geschäftspapieren, Haushaltswaren, eben mit allem, was man nach Beendigung der Kriegshandlungen meinte gebrauchen zu können.

Ich hatte von meiner Kaserne aus die Möglichkeit mit meinem Vater telefonisch zu sprechen. Ich versuchte ihn zu überzeugen, ebenfalls seine Heimat zu verlassen. „Hans, wie stellst Du Dir das vor, ich schließe das Haus ab und fahre nach dem Westen ins Ungewisse. Nein, niemals, ich habe mein ganzes Leben schwer gearbeitet, ich habe aus eigener Kraft mir diesen Betrieb aufgebaut. Was auch kommen mag, ich bleibe Hier". Damals war das für mich eine vollkommen unverständliche Entscheidung. Damals - heute begreife ich erst, welches Ansinnen ich meinem Vater gestellt hatte. Heute glaube ich, auch ich würde in einer ähnlichen Situation genau so denken und handeln.

Die Russen kamen, mein Vater und andere Geschäftsleute wurden gefangen genommen, zur Zwangsarbeit nach Kandalakska am Eismeer transportiert und dort ist mein Vater im Sommer 1945 im Alter von 58 Jahren an Ruhr verstorben. Eine ebenfalls verschleppte Geschäftsfrau überlebte die Strapazen und über das Deutsche Rote Kreuz erhielten wir dann die eidesstattliche Versicherung dieser Frau, auch die amtliche Bestätigung.

Wie bereits erwähnt, war meine Mutter in Richtung Tschechien auf der Flucht. Die Strapazen müssen fürchterlich gewesen sein. Es war ja Winter und der pflegt in der Riesengebirgsgegend besonders heftig auszufallen. Wenn ich nach dem Kriege in einer ruhigen Stunde das Thema der Flucht angesprochen hatte, kam prompt die Aussage:" Ach Hans, was soll ich viel erzählen, es war ganz, ganz schlimm. Aber ich habe es überlebt und das ist ja die Hauptsache."

Damit war die Diskussion meistens beendet. Häppchenweise konnte ich das ganze Ausmaß der Belastungen dieser Flucht erfahren.

Durch das Ende der Kriegshandlungen übernahmen die Russen und danach die Tschechen das Kommando. Die Flüchtlingsfrauen wurden als unerwünschte Gäste behandelt, sozusagen Freiwild. Die Tschechen machten kurzen Prozess, auf Lastwagen verladen, wurden sie ins deutsche Reichsgebiet abgeschoben. Nur ihre ganzen Habseligkeiten, wie Koffer, Taschen usw. kamen auf einen anderen Lastwagen und den haben die Frauen nie wieder gesehen. Kurz nach der Grenze wurden diese armen Menschen ausgesetzt und mussten versuchen, sich zu Fuß nach ihren Heimatorten durchzuschlagen.
Nach einem wochenlangen Hungermarsch erreichte meine Mutter wieder Breslau und hatte trotz al-

lem noch viel Glück, dass sie von einem russischen Kommandeur, der in unserem Hause seine Zentrale aufgeschlagen hatte, ein Zimmer zugewiesen bekam und dadurch relativ sicher leben konnte.

Im Herbst 1945 bekam sie dann den Ausweisungsbeschluss der nunmehr polnischen Behörden. Der Transport endete in Odisheim (Land Hadeln). Auch hier war das Rote Kreuz bei der Familiensuche behilflich. Ich bin dann 1949 mit dem Fahrrad gen Norden gefahren und habe meine Mutter in die Arme schließen können. Sie war bei netten Leuten untergebracht und gut versorgt. Gestaunt habe ich nur, wie gut sie schon „Platt" gelernt hatte. Ich verstand bei meinem Kurzbesuch so gut wie gar nichts, wie man so schön sagt, ich verstand immer nur „Bahnhof!"

So und nun zu mir zurück!

Kurz bevor Breslau restlos von den Russen eingekreist war, wurden alle noch dort stationierten Offiziersbewerber nach dem neuen Standort Holzminden in Marsch gesetzt.

Ein Kamerad und ich erhielten den Auftrag, die Wehrpassunterlagen der verlegten Soldaten ebenfalls nach Holzminden zu bringen. Ich glaube, es war der letzte Eisenbahnzug, der Breslau in Richtung Görlitz verlassen konnte, ehe der Ring um die Festung Breslau geschlossen wurde.
In diese Zeit fiel auch der verheerende Luftangriff

der Alliierten auf die Stadt Dresden. Viele tausend Menschen kamen dabei um. Über Umwege, die bis nach Süddeutschland führten, suchten wir einen Weg in Richtung Holzminden. Kurz vor dem Ziel mussten wir noch einen Luftangriff auf Bebra überstehen, und nach acht Tagen meldeten wir uns in der Pionierkaserne Holzminden.

Wir beide hatten schon mit unangenehmen Fragen nach unserem langen Ausbleiben gerechnet, doch der Bataillonskommandeur bescheinigte uns eine unerwartet schnelle Reise. Heute erscheint die Reisedauer tatsächlich äußerst lang, aber die Umstände waren eben nicht normal. In Holzminden angekommen, genossen wir beiden Kuriere erstmals ein paar Tage Ruhe.

Nachdem wir einer Kompanie zugeteilt waren, zog uns das normale Kasernenleben wieder in seinen Bann. Doch die Ruhe war äußerst trügerisch. Hier im Westen hatte sich der Kriegsverlauf total verändert. Die Amerikaner waren in Frankreich gelandet, und mit massiver Luftunterstützung brach die deutsche Westfront langsam aber sicher auseinander.

Unter Leitung eines Feldwebels wurde eine Spezialgruppe zusammengestellt. Dieser wurde ich zugeteilt. Unsere Aufgabe war, in Bodenwerder die Straßenbrücke und die eiserne Bahnbrücke der Vorwohler-Eisenbahngesell-schaft zur Sprengung vorzubereiten. Die Stahlbetonbrücke über die Weser war zu der Zeit noch recht neu. Die alte Brücke musste weichen, da sie nicht mehr den Anforderungen entsprach. Man muss wissen, dass auf der östlichen Seite der Weser nur ein kleiner Teil der Stadthäuser standen. Der eigentliche Stadtkern lag auf der westlichen Stromseite; mithin hatte diese Straßenbrücke für die Bewohner eine wichtige Funktion zu erfüllen.

Befehl ist Befehl! Die Brücke wurde für eine Sprengung vorbereitet, ebenso erging es der Eisenbahnbrücke. Da diese Brücke noch Pfeiler im Flussbett hatte, legten wir an diese Stützenfundamente zwei Seeminen. Die Weser hatte zu diesem Zeitpunkt nur 105 cm. Wasserhöhe, die Minen aber einen Durchmesser von 125 cm. Also ragten diese mit einem Segment aus dem Wasser. Dies sollte verheerende Folgen bei der Sprengung haben, denn der Sprengdruck entwich z. T. oberhalb der Wasserfläche und zerstörte in ganz Bodenwerder alle Fensterscheiben. Dies alles, also die sinnlosen Sprengungen, trugen natürlich nicht dazu bei, uns bei der Bevölkerung beliebt zu machen. Diese Tatsache sollte ich noch leidvoll zu spüren bekommen.

Die Amerikaner waren schon vor den Brückensprengungen bei Kirchohsen über die Weser vorgerückt und ließen sich von den zerstörten Brücken nicht aufhalten.

An diesem Abend war unser kleiner Trupp im Bahnhofsgebäude Linse an der Strecke der Vorwohler-Eisenbahn, die zu diesem Zeitpunkt nicht mehr fuhr, untergeschlüpft und harrten der Dinge, die noch kommen sollten. Unser Feldwebel hatte für eine Telefonverbindung nach dem kleinen Ort Halle gesorgt und so konnten wir erfahren, dass die Amis dort in einer Gastwirtschaft für diesen Tag Feierabend gemacht hatten und sich an den von den Wirtsleuten gemachten Bratkartoffeln stärkten. Diese Leckermäuler! Und wir schoben Kohldampf. Zumindest war damit klar, dass wir in der Nacht nichts zu befürchten hatten.

Am Tag nach den Sprengungen meinte unser Feldwebel, wir sollten den Amis entgegentreten. Angeblich sollte die Anzahl der amerikanischen Soldaten nicht besonders groß sein. Also marschierten wir los und kamen bis zu einer Wegbiegung. Dort nahmen uns die Amis, die auf den Bergseiten einen guten Überblick hatten, voll unter Feuer. Mit vier Kameraden liefen wir den Berg hinauf und fühlten uns einigermaßen in Sicherheit. Leider waren wir in Richtung Hameln geflüchtet, dort waren aber schon unsere Gegner. Wenn wir nach Richtung Holzminden kommen wollten, mussten wir wieder die Straße überqueren. Drei Kameraden kamen ohne Feindfeuer auf die andere Straßenseite. Ich blieb mit meinem Gewehrriemen an einem Strauch hängen und wollte nun ebenfalls über die Straße. Darauf hatten die Amis wohl nur gewartet, denn ich wurde heftig beschossen, an beiden Armen erlitt ich Durchschüsse – und zwar am linken Arm, genau am Ellenbogen und rechts oberhalb des Handknöchels. Es ist nicht besonders angenehm, wenn man so hilflos ist und seine Hände nicht mehr benutzen kann. Ich besaß keinerlei Verbandszeug, um meine Wunden zu verbinden.

Deshalb bat ich bei der Bevölkerung um Hilfe. Mit der Aufforderung, möglichst schnell zu verschwinden, wurde ich weitergeschickt. Eine freundliche Frau gab mir den Rat, bis zur nahe gelegenen Armeniuswerft zu gehen. Tatsächlich waren in der Werft noch Führungskräfte, so z. B. General Müller und einige Offiziere. Sein Fahrer erhielt Anweisung, meine Wunden zu verbinden und für Verpflegung zu sorgen. Da dem großen „Herren" die Gegend wohl auch etwas zu heiß wurde, musste ich in das Auto des Generals einsteigen, um in sein Hauptquartier ins Schloss Bevern zu fahren.

Wenn der Herr General gehofft hatte, dass sich in seinem Hauptquartier noch alles in Ordnung befand, so war er mächtig auf dem Holzweg. Fast sein gesamter Stab war in der Zwischenzeit abgehauen. Auch ein Arzt, der für mich die Erstversorgung machen sollte, stand nicht mehr zur Verfügung. Der Wutausbruch des Generals war zwar gewaltig, aber für mich hatte dies keine Auswirkungen. Das einzig Positive war, dass der Cheffahrer mich in ein Notlazarett nach Holzminden bringen musste. In der Zwischenzeit war es später Nachmittag geworden. Auch im Notlazarett war kein Arzt anwesend, denn dieses war nur ein Ableger eines anderen Lazarettes, das sich im Landschulheim am Rande der Stadt im Solling befand.

Meine Schmerzen, vor allem an der Durchschusswunde des rechten Unterarmes, wurden immer unerträglicher. Erst in der Nacht gegen drei Uhr kam ein Arzt und forderte alle Verwundeten auf, die lauffähig waren, über den Solling nach Einbeck zu gehen. Die Stadt Holzminden sollte nach den Vorstellungen der Militärs verteidigt werden. Da ich ebenfalls in der Lage war, den Weg bis zum Landschulheim zu laufen, machte ich mich mit einigen Kameraden im Morgengrauen auf den Weg. Im Landschulheim angekommen, überredete mich ein alter Landser, den Weg über den Solling einzuschlagen; denn hier, in Holzminden, lief das Ultimatum der Amis um sechs Uhr ab. Dann sollte die Stadt beschossen werden, falls nicht die weiße Flagge gehisst würde.

Ich glaube, wir hatten den 8. April 1945. Es wurde ein unglaublich warmer Frühlingstag, die Sonne knallte auf uns müde Wanderer. Da meine Wunden immer noch nicht versorgt waren, tat mir jeder Schritt unheimlich weh, und nur mit aufmunternden Worten meiner Kameraden war ich zum Weitergehen bereit. In Dassel war ich fix und fertig – mein Vorsatz, ich gehe keinen Schritt weiter. Ein privater LKW –Fahrer hatte dann Mitleid mit mir „Häufchen Elend" und nahm mich mit nach Einbeck. Er übergab mich dem Ausweichlazarett, das in der Mittelschule untergebracht war.

Die Ärzte schlugen vor Entsetzen die Hände über dem Kopf zusammen, da meine Wunden nicht besonders gut aussahen. Gleich am selben Tag lag ich auf dem OP-Tisch und wurde operiert. Bei allen Widrigkeiten, glaube ich aus heutiger Sicht, von einem besonders befähigten Arzt operiert worden zu sein. Mein linker Arm kam in einen Schienenverband, und mein rechter Arm war vollkommen in Mullbinden eingepackt. Da meine Hauptsehne zerrissen war und nun zusammengenäht wurde, musste ich den Arm absolut ruhig halten.

Um es human zu sagen, es war eine furchtbare Zeit - beide Arme waren außer Gefecht, selbst kratzen konnte ich mich nicht. Dabei wäre dies so wünschenswert gewesen, denn wir waren ja alle mit Läusen bevölkert, und es überfällt einem ein wohliges aber auch ohnmächtiges Gefühl, wenn die lieben Tierchen auf dem Körper spazieren gehen. Ich war damals ein starker Raucher, und mein Feldbeutel war proppenvoll mit Zigaretten. Nur ein Jammer, ich konnte ohne fremde Hilfe nicht rauchen. Beide Hände waren ja außer Gefecht gesetzt – auch beim Essen war ich auf Hilfe angewiesen. Gott sei Dank, konnte der Verband des linken Armes nach ein paar Tagen bis auf ein Heftpflaster beseitigt werden. Eine schwere Zeit ging damals zu Ende.

Große Sorgen machte ich mir schon über den Heilungsprozess der rechten Hand. Da ich eine kaputte Sehne hatte, war auch die Einsatzmöglichkeit für die Zukunft in Frage gestellt. Die Heilung ging zwar gut voran, aber die Kraft war damit lange noch nicht vorhanden. Der Arzt gab mir damals den guten Rat, ich solle doch Holz hacken. Hinter der Schule lag ein großer Haufen Holz, das gehackt werden musste. Vom Hausmeister erhielt ich eine, zwar nicht sehr scharfe Axt, aber trotzdem eine gute Gelegenheit, die Kraftverhältnisse meiner

Hand zu verbessern. Da ich ja Linkshänder bin, musste ich mit der beschädigten Hand die Holzscheite hochheben und auf den Hackeklotz zurückstellen. Jeden Tag konnte ich den Kraftzuwachs feststellen, und langsam freundete ich mich mit dem Gedanken an, dass ich die Hand wieder vollwertig benutzen kann.

Im Lazarett waren wir Kriegsgefangene der Engländer. Alle Verwundeten, deren Heilung Fortschritte machte, wurden in das Entlassungslager abtransportiert. Auch ich bin Mitte Mai 1945 in das Lager in Weferlingen bei Salzgitter gekommen. In den Baracken, die überbelegt waren, fristeten wir die Tage bis zu einer möglichen Entlassung. Meine Hoffnungen, bald zu den Glücklichen zu gehören, die nach Hause gehen durften, sanken immer weiter. Es wurde angeordnet, dass nur Gefangene entlassen werden, die ihre Heimatadresse im Westen hatten. Ich war ja nun Breslauer und hatte damit keine Chance, das Lager verlassen zu können. Ein Kamerad aus Einbeck bot mir an, seine Heimatanschrift zu benutzen, um auch eine Westadresse zu haben. Und siehe, es klappte, und mit LKW und Eisenbahn kamen wir ins Entlassungslager Ochtersum bei Hildesheim. In den Trockenschuppen einer stillgelegten Ziegelei mussten wir eine Nacht zubringen. Am nächsten Tag ging es mit dem LKW nach Einbeck, und damit war ich ein freier Mann.

Krieg vorbei – was nun – mein lieber Hans?

Ein freier Mann? Sicher, konnte ich nun Tun und Lassen was ich wollte. Zumindest musste ich mich nicht mehr den Anordnungen meiner Vorgesetzten oder den Vertretern der Siegermächte fügen, konnte schlafen gehen, wann ich wollte; ich konnte also mein Leben selbst gestalten. Tatsächlich? Wohl nicht so ganz! Ich musste mich beim Bürgermeister anmelden, denn ich brauchte eine Wohnung, besser gesagt, ein Dach über dem Kopf. Auch Essen musste herangeschafft werden. Und wenn man überleben will, musste auch Arbeit her. Also war das mit der Freiheit so eine Sache. Trotzdem war alles anders und eigentlich trotz der vielen Mängel auch schöner.

Der Krieg ist aus

Der Bürgermeister von Einbeck hatte gleich nach Kriegsende viele undankbare Aufgaben. Seine unangenehmste Pflicht war sicher die Einweisung der Flüchtlingsfamilien aus den Ostgebieten in Wohnungen, die im Grunde gar nicht vorhanden waren. In der kurzen Zeit, die ich in der Gemeindeverwaltung zubrachte, gab es unglaubliche Szenen. Fünfköpfige Familien suchten ein angemessenes Obdach, jedoch war im Angebot nichts Passendes vorhanden. Da war Streit vorprogrammiert, und manchmal musste ein Machtwort gesprochen und eine Zwangseinweisung durchgesetzt werden.

Bei meiner ersten Kontaktaufnahme im Bürgermeisteramt, passierte mir ein mächtiges Missgeschick. In der Vergangenheit hatte ich gelernt, dass der Willkommensgruß „Heil Hitler" lautete. Nun war dieser Gruß nicht mehr angesagt. Nur der Gebrauch alter Gewohnheiten ist so verwurzelt, dass es manchmal schwer fällt, die andere Zeit, die ja nun angebrochen war, fehlerlos zu übernehmen. Ich platzte mit meinem zwar leisen, aber doch hörbaren „Heil Hitler" in das Amtszimmer und hatte natürlich sofort bemerkt, dass dies ein grober Fehler war. Ehe ich um Verzeihung bitten konnte, sagte der Bürgermeister, ein liebenswerter älterer Herr: „Mein Junge, alles halb so schlimm, Du wirst schon bald lernen, dass „Guten Tag" viel schöner klingt". So war es dann ja auch. Nebenbei wurde die Auswahl der Begrüßungsformen um einiges größer –Guten Morgen – Abend – Nacht – oder einfach Hallo. Dies passt dann für alle Gelegenheiten.

Bei mir waren die Probleme nicht allzu schlimm. Ich benötigte nur ein Zimmerchen, möglichst mit einem Bett möbliert und billig. Geld war äußerst knapp und ich war froh, eine entsprechende Wohnmöglichkeit in Salzderhelden bei Oma Thomaszewski zu bekommen. Man achte auf den Namen!
Am nächsten Tag stellte ich mich bei der Zimmerei Leunig vor, und ich hatte gleich Glück, denn ich durfte am nächsten Morgen die Arbeit aufnehmen.

Wer bisher meine Aufzeichnungen sorgfältig gelesen hat, denn ich habe im Zusammenhang mit meinem Schulabgang davon gesprochen, dass dieser Schulzeitabbruch für mich noch positive Folgen haben sollte. Wenn ich nicht meine Schulausbildung abgebrochen hätte, wäre ich zwar mit der Mittleren Reife ausgezeichnet worden, aber damit konnte ich in der Nachkriegssituation nicht viel anfangen. Mit meiner abgeschlossenen Berufsausbildung als Zimmermann war dies natürlich anders. Wenn ich damals als Schüler nicht so viel Ärger mit meinem Mathelehrer gehabt hätte, wäre ich auf der Mittelschule geblieben und hätte in der damaligen Zeit nicht gleich ein Sprungbrett zu Brot und Arbeit gehabt.

Die mir zugewiesene Wohnungsmitbenutzung lag in Salderhelden, direkt an der Leine. Ich glaube, diese Straße hieß Leinestraße. Ich wohnte in der oberen Etage mit noch drei Mitbewohnern, zwei Frauen und einem Mann. Alles irgendwie Verwandtschaft, der in Parterre wohnenden Oma. Das Hinterhaus war ebenfalls voll belegt. So lief alles seinen geregelten Gang; ich hatte mich gut in meinen Zimmermannsberuf eingearbeitet, und auch im Zusammenleben auf kleinstem Raum gab es keine größeren Probleme. In das sich abzeichnende Einerlei kam dann überraschend Bewegung.

Die Enkelin Margarete aus Bad Salzdetfurth kam zur Oma auf Ferienbesuch. Eine schwarzhaarige, schlanke, makellose junge Dame. Sie gefiel mir vom ersten Augenblick an. Pech nur, dass auch der mit mir wohnende Cousin nicht uninteressiert war. Es begannen kleine Spielchen, die Gunst der holden Maid zu erobern. Jeder wollte sich ins rechte Licht setzen, und jeder von uns war darauf bedacht, dass der andere sich keine Vorteile verschaffe. Also belauerten wir uns auf Schritt und Tritt – Hauptziel war das Ausflugslokal „Rosenplänter" am Berghang auf der anderen Seite der Bundesstraße. Das Angebot an Getränken und Speisen war nicht so üppig, aber in unserem Rivalenkampf auch nicht so furchtbar wichtig.

Jeder Urlaub geht mal zu Ende und Margarete fuhr wieder nach Bad Salzdetfurth. Ich hatte den Eindruck gewonnen, dass meine Chancen bei ihr nicht schlecht standen. Wie das dann meistens so ist, Margarete fand alsbald wieder einen Grund zur Oma zu fahren. Um es ehrlich zu sagen, Oma hatte von ihrer Enkelin nicht allzu viel. Mein Mitbewerber war wohl auch einsichtig genug, dass ich die besseren Aussichten hätte, und so entwickelte sich aus der Dreierbeziehung eine zarte Zweiergemeinschaft. Da Margarete im Herbst 1945 bei ihren Eltern im Garten und auf dem Feld helfen musste, gab es wenig Gelegenheit, nach Salzderhelden zu fahren.

Also, Tante Else und Tochter Gisela starteten mit mir gemeinsam zu einem Gegenbesuch nach Bad Salzdetfurth. Nun war dies nicht ganz einfach. Der Zug fuhr von Salderhelden nach Hildesheim und einen Anschlusszug nach Bad Salzdetfurth gab es am Sonntag früh nicht. Was blieb uns anderes übrig, als die Strecke zu Fuß zu bewältigen. Da wir alle den Weg nur ungenügend kannten – ungenügend war schon eine Übertreibung – gingen wir über Marienburg – Söhre, Richtung Salzdetfurth über den Thosmar.

Hocherfreut erreichten wir die ersten Häuser auf dem Burgberg. Nur der Burgberg und die Bodenburger Straße – Wohnung der Thomaszewskis – lagen noch drei bis vier Kilometer auseinander. Wir konnten kaum noch laufen. Tapfer, wie wir waren, ich natürlich besonders, denn es stand ja das Wiedersehen mit Margret an!

Von den Eltern wurde ich streng gemustert, aber wohl für gut befunden. Es war ein sehr schöner Sonntag, auch wenn der Fußmarsch anstrengend war. Die Rückfahrt war angenehmer, denn wir fuhren mit dem Zug über Kreiensen nach Salderhelden.

Weihnachten war ich eingeladen; dieses Mal ohne Anstandsbegleitung. Unsere kleine Flamme der Zuneigung wurde immer größer, zumal zwischenzeitliche Wochenendbesuche bei der Oma uns stärker zusammenfügten. Silvester fassten wir den Superbeschluß und verlobten uns heimlich. Es war gar nicht so einfach, für unser Verlöbnis entsprechende Ringe zu bekommen. Margret hatte noch eine lange Silberkette mit einem Anhänger, daraus wurden dann die Verlobungsringe gefertigt.

Meine Schwiegereltern waren mit unserer Entscheidung sehr einverstanden, wobei vom Schwiegervater gleich die Frage kam, wann denn die Hochzeit eingeplant werden solle.

Nun muss man wissen, in Bad Salzdetfurth war es schon Pflicht, irgendetwas mit dem Kaliwerk zu tun zu haben. Es stand für uns auch fest, dass ich nach Salzdetfurth umziehen werde.

Mein Schwiegervater, der Paul Thomaszewski, legte für mich ein gutes Wort beim Kaliwerk ein, und am 1. Februar 1946 begann meine Tätigkeit in der Holzwerkstatt auf Schacht I. Diese Beschäftigung war Übertage und wurde nicht gut bezahlt. Zum anderen war sie nicht mit den Vorteilen behaftet, die eine Tätigkeit als Bergmann Untertage zu bieten hatte. Zu dieser Zeit gab es noch Lebensmittelkarten, und als Bergmann bekam man die

Schwerstarbeiterzulage. Was lag da näher, als sich um eine Tätigkeit im Bergwerk zu kümmern. Ich hatte Glück – so sah ich das damals – und wurde den Schachthauern zugeteilt.

Das Aufgabengebiet der Schachthauer war recht umfangreich. Unsere Aufgabe war es, nach Ende der Spätschicht, also um 22:00 Uhr bis 6:00 Uhr morgens, im Förderschacht Materialien, wie Hölzer, Schienen, Maschinen mit Hilfe des Förderkorbes zu transportieren. Der Schacht hatte eine Tiefe von 774 Metern. Auch Reparaturarbeiten innerhalb des Schachtes, wie Auswechseln von Spurlatten, Kontrolle der Schachteinbauten oder Auswechseln der Förder - und Unterseile gehörten zu unseren Pflichten.

Diese Aufgaben wurden mit einer Gruppe von vier Schachthauern durchgeführt. Für diese Tätigkeit erhielt ich den Status eines Bergmannes. Der einzige negative Effekt war natürlich die Arbeit bei Nacht. Wenn andere schlafen gingen, war ich im Einsatz. Die Umstellung des Körpers auf diese Belastungen dauerte lange und widerspricht auch dem natürlichen Rhythmus.

Nach einem Jahr konnte ich bei meinem zuständigen Fahrsteiger erreichen, dass ich als Zimmerhauer in die Grube versetzt wurde. Nun hatte ich wieder Normalschicht, d.h. Früh- und Spätschicht im wöchentlichen Wechsel. Für Nichtbergleute muss ich noch die Tätigkeitsmerkmale eines Zimmerhauers erklären. Ich habe also in keinem Zimmer etwas gehauen, sondern ich war als Revierzimmerhauer für das Verlegen und Unterhalten von Gleisanlagen zuständig. Zusätzlich musste ich in den Fahrschächten Bühneneinbauten durchführen. Fahrschächte sind Löcher, die durch den Einbau von Leitern ein Auf- und Absteigen von verschiedenen Sohlen ermöglichen.

Hier unterstand ich nur dem Reviersteiger, ansonsten konnte ich meine Arbeit selbständig erledigen. In seinem Beruf möchte man auch weiterkommen, dies war als Zimmerhauer nicht möglich. Deshalb bewarb ich mich um die Stelle als Lehrhauer. Um es kurz zu beschreiben, ein Hauer steht hinter der Bohrmaschine und der Lehrhauer vor der Maschine. Er musste die Bohrgestänge ansetzen und wechseln. Nun war ich also richtiger Kalibergmann und konnte in den insgesamt zwölf Jahren, die ich bei den Kaliwerken tätig war, alle Aufgaben erlernen und ausführen, die mit dem Bergmannsberuf zusammenhingen.

In Bergmannskreisen, vor allem bei den Kohlebergleuten, waren wir die Nobelbergleute. Untertage war es herrlich warm, je nach Lage bis zu 40 Grad. Für den Salzstaub, den wir unten schlucken mussten, bezahlen heute kranke Menschen viel Geld – bei uns war er umsonst. Ich hatte eine Fünfliterkanne Tee pro Schicht zur Verfügung, denn viel Trinken war absolute Pflicht. Falls dieser Pott leer war, konnte man an den Trinkwasserwagen nachfüllen.
Als Lehrhauer kam ich auch in den Genuss von

Akkordlöhnen – bergmännisch Gedingelöhne.

Wenn ich heute an diese Zeit zurückdenke, so war die berufliche Tätigkeit im Bergwerk eine gute Schulung in einer für mich ungewohnten Arbeitsumgebung. Auch das aufeinander Angewiesensein, auf das unbedingte Vertrauen zum Arbeitskumpel, unter z. T. schwierigsten Bedingungen, haben mir viel gegeben. Eine Episode möchte ich doch noch erzählen:

Wenn Kumpel der Nachfolgeschicht durch Krankheit, Urlaub usw. ausgefallen waren, dann suchte der Steiger nach Leuten, die noch eine Schicht heranhängen wollten.

Da ich in der Zwischenzeit schon eine große Familie hatte und damit immer Geld brauchte, war ich meistens gern bereit, eine zweite Schicht anzuhängen. Am Ende der Doppelschicht wollte ich mit zwei leeren Sprengstoffkanistern aus dem Abbaubereich auf die darunter liegende Sohle absteigen. Mit der einen Hand hielt ich die Schulterriemen der Kanister, und mit der anderen Hand griff ich in die Sprossen der Leiter. Ich muss wohl den Griff in die Sprossen verfehlt haben, jedenfalls verlor ich den Halt und kippte nach hinten gegen das Salzgestein. Von dort wieder gegen die Leiter geschleudert und mit viel Getöse war ich ca. 12 Meter abgestürzt. Mein Glück bestand darin, dass durch das Pendeln zwischen Leiter und Wand der freie Fall doch erheblich abgebremst wurde. Neben einigen Schürfwunden, in die sich der Salzstaub so belebend festsetzte, habe ich diesen Sturz heil überlebt. – Mein Schutzengel hatte aufgepasst.

1957 habe ich aus verschiedenen Gründen meine Arbeitsstelle bei den Kaliwerken Salzdetfurth AG aufgegeben. Irgendwie hatte ich das Bedürfnis, meinem beruflichen Leben einen neuen Inhalt geben zu müssen. Es sollte eine schwere Zeit werden.

So schön die Arbeit im Kalibergwerk war, zumal es sich zu der Zeit um einen absolut sicheren Arbeitsplatz handelte, so sehr war mir bewusst, dass die Zeit für einen Wechsel, um nicht zu sagen, eine Weichenstellung, reif war.

Ich war ja von klein auf in einem Zimmerei – bzw. Baubetrieb groß geworden und sah meine berufliche Befriedigung im Zimmererhandwerk. Also ging ich auf die Suche. Die Firma H. Brunotte KG in Hildesheim suchte damals einen Bautechniker. Da ich zu Hause vor dem Weltkrieg neben meiner praktischen Tätigkeit auch im technischen Büro gearbeitet hatte und ein Semester der Baugewerkenschule besucht hatte, war ich so vermessen, mich um diese Stelle zu bewerben.

Bei dem Vorstellungsgespräch mit dem technischen Leiter der Firma Brunotte, Herrn Dipl. Ing. Heinz Brunotte, musste ich viele kritische Fragen über mich ergehen lassen. Es war ja nun eine feststehende Tatsache, dass ich zwölf Jahre aus meinem ursprünglichen Beruf heraus war. Ich machte

Herrn Brunotte einen entscheidenden Vorschlag: Ich bot ihm an, ein Vierteljahr auf Probe als Techniker zu arbeiten. Er war einverstanden, wenn ich den Anforderungen nicht gewachsen war, als Zimmerergeselle in der Firma weiter zu arbeiten.

Auch mein Anfangsgehalt von 400 DM war dem Lohnniveau der Gesellen angepasst. Ich bestand den Test und erhielt nach Ablauf der Probezeit einen ordentlichen Vertrag.

Für mich begann damit eine mit großen Anforderungen verbundene Einarbeitungszeit. Zum einen kam ich in einen mittelgroßen und in Hildesheim bekannten und anerkannten Holzbaubetrieb mit einer vielfältigen Angebotspalette und einem gut qualifizierten Mitarbeiterteam.

Ich als Neuling wurde natürlich misstrauisch beobachtet. In dieser Zeit konnte ich zu meinem eigenen Erstaunen feststellen, dass ich in Bezug auf Menschenführung ein gutes Gespür mitbrachte und durch Einbindung der Mitarbeiter bei wichtigen Entscheidungen deren Zustimmung verbuchen konnte. Nur mit einem altgedienten Polier hatte ich eine etwas längere Phase zu überstehen, ehe auch mit ihm eine auf gegenseitiger Achtung basierende Zusammen-arbeit gut klappte.

In der ersten Zeit hatten wir durch persönliche Verbindungen des Chefs zu den Architekten der Hannover-Messe sehr große und schöne Aufträge beim Ausbau der Messehallen.

So hatten wir in fast allen neuen Messehallen die Holzrasterdecken eingebaut. Da es sich um mehrere Zehntausend Quadratmeter handelte, haben wir eine komplette Abbundanlage örtlich stationiert und konnten so den gesetzten Preisrahmen einhalten und gutes Geld verdienen. Parallel dazu erhielten wir viele Aufträge zur Erstellung der Messestände. Wir entwickelten transportable Verkaufsstände für Getränke, Würstchen usw. Wenn ich richtig gesehen habe, so sind einige Stände noch heute im Einsatz.

Es dürfte allgemein bekannt sein, dass Arbeiten im Vorfeld einer Messe mit viel Hektik verbunden war und wohl auch heute noch so ist. Der Termin der Eröffnung ist ja eine feststehende Größe und bis dahin müssen alle Messestände in einem tipptoppen Zustand sein.

Nun gibt es allerdings auch verschiedene Anschauungen über die Gestaltung einer Präsentation zwischen Planern und den Verkaufsprofis. Wenn dann drei Tage vor Beginn der Messe noch umfangreiche Änderungs-wünsche zu erfüllen sind, dann heißt das in der Regel Tag- und Nachtarbeit.

Unsere Mitarbeiter waren es schon gewohnt, bis zur letzten Minute im Einsatz zu sein. Wenn die offizielle Eröffnung begann, verschwanden die letzten Handwerker durch den Nebenausgang.
Wir waren mit unserer Firma jahrelang im Einsatz, aber einmal wurde es verdammt eng. Eine große

Firma, die auf dem Außengelände ihren Pavillon aufgebaut hatte, wollte zum Schutz der Messebesucher noch einen ca. 20 Meter langen überdachten Zugang haben, damit diese auch bei schlechtem Wetter geschützt waren.

Die Stahlbauer stellten Stützen und längs laufende U-Träger auf und unsere Firma sollte Holzbalken zwischen diesen Trägern einziehen und mit Hobeldielen abdecken, die dann als Unterlage für die Dacheindeckung dienten.

Also Maße festlegen, im Werk die Sägegatter anwerfen und die Balken sägen, bearbeiten, zur Messe bringen und einbauen. Durch einen Ablesefehler von der Montagezeichnung waren alle Balken um 20 cm zu kurz und fanden dadurch keinen Halt zwischen den U-Eisen. Untaugliche Balken auf dem schnellsten Wege zurück nach Hildesheim, neue Balken im Sägewerk erstellen, bearbeiten, zurück zur Messe und einbauen. Das bedeutete Nachtarbeit für unsere Mitarbeiter. Pünktlich zur Messeeröffnung konnten wir die Arbeiten übergeben. Nervlich am Ende, aber glücklich die Arbeit geschafft zu haben.

Die Messeeinsätze waren aber nicht allein für die Aufwärtsentwicklung der Firma entscheidend, denn die Gemeinnützige Baugesellschaft in Hildesheim baute in Drispenstedt einen ganz neuen Stadtteil auf. Unsere Firma war daran maßgeblich beteiligt.

Wenn ich hier beschreibe, dass viele Dachstühle von unseren Leuten errichtet wurden, dann ist dies nicht sonderlich interessant, aber wenn etwas Unvorhergesehenes geschieht, dann sieht das schon ganz anders aus.

Wir hatten den Auftrag, das Isoliergeschoss auf den vier Hochhäusern zu erstellen. Dies war eine Flachdachkonstruktion, die auf Pfettensträngen aufgesetzt wurde. Wir hatten schon mit dem Aufbringen der Dachschalung begonnen und die Maurer errichteten die Schornsteine und Abtrennmauern im Dachraum.

Leider kam in dieser Bauphase ein gewaltiger Sturm auf, der unsere gesamte Dachkonstruktion von ca. hundert Quadratmeter anhob und durch die Luft wirbelte. Die ganze Dachfläche landete mit großem Getöse auf der Straße. Gott sei Dank, kamen keine Personen zu Schaden. Die Auslieferungstour eines Postzustellers war trotzdem zu Ende. Der Postbeamte war zur Auslieferung gerade in einem Nachbarblock, und sein Gogomobil wurde mit der vom Dach heruntergekommenen Fläche komplett wie eine Briefmarke zerdrückt. Das sind sicher unerfreuliche Vorkommnisse, aber wenn es ohne Personenschäden abgeht, dann kann alles andere wieder ersetzt werden.

Einige wichtige Ereignisse begleiteten mich bei meiner Tätigkeit in der Firma Brunotte. Mein Chef, Heinz Brunotte, der leider viel zu früh einem Verkehrsunfall zum Opfer fiel, hatte Verbindung zu einem Holzbauforscher, Herrn Greim, aufgenommen.

Dieser Holzbaufachmann befasste sich mit der Erprobung und Zulassung seiner Holz-Stahlblech-Verbindung, in Fachkreisen als Greimbauweise bekannt. Um eine Zulassung zu bekommen, musste die Wirksamkeit durch staatliche Untersuchungsämter bestätigt werden.

Ich war bei der praktischen Umsetzung der Versuche aktiv beteiligt und vor allem mit der zeichnerischen Auswertung befasst. Nach Erteilung der bauaufsichtlichen Zulassung vergab die eigens gegründete Greimbau GmbH in ganz Deutschland an interessierte Holzbaufirmen die Lizenzen. Es würde im Rahmen dieses Buches zu weit führen, die besonderen Vorzüge der Greimbauweise zu beschreiben. Nur so viel, es war mit erheblichen Einsparungen verbunden und war auch bei größeren Spannweiten gegenüber Stahlbauten konkurrenzfähig.

Die praktische Anwendung dieser nun entwickelten Bauweise führte in unserer Firma zu ganz neuen Überlegungen und Angeboten. So kamen als neue Aufgabengebiete die Erstellung von Fertigsporthallen, Gebäude für die Landwirtschaft, Kirchtürme usw. hinzu. All dies bewirkte eine Ausdehnung unseres Einzugs-gebietes auf ganz Nord- und Westdeutschland. Selbst eine Turnhalle wurde nach Farchand bei Garmisch geliefert.

In der gleichen Zeit entwickelte sich eine Zusatzabteilung, die alle Fertigbauten, wie Sporthallen, Schulgebäude und Fertighäuser betreute.

Meine Aufgaben in der Firma wurden im Laufe der Zeit verantwortungsvoller und damit auch umfangsreicher. Ich betreute und leitete danach die Zimmerei und den Ing.-Holzbau. Innerbetrieblich wurde ich zum Oberingenieur befördert, und in der Endphase hatte ich die gesamte Fertigung der Firma zu leiten.

1974 wurden die Bedingungen für das Baugewerbe erheblich schlechter, denn die Auftragslage war nicht mehr zufriedenstellend. Das Auftragsvolumen der öffentlichen Hand ließ rapide nach. Da in unserer Firma ein ungesundes Verhältnis zwischen der produzierenden und der planenden Belegschaft bestand, waren die Auswirkungen katastrophal.

Es gab auch hausgemachte Probleme. Alles führte dazu, dass die Stadtsparkasse, unser einziger Partner in der Firmenfinanzierung, den Kreditrahmen sperrte und der Gang zum Konkursrichter unvermeidlich wurde.
Im April 1974 war es dann soweit. – Von heute auf morgen war der sicher geglaubte Arbeitsplatz weg. Ich stand auf der Straße!
Im Nachhinein glaube ich, dass viele Fehler bei der Firmenleitung lagen und die Stadtsparkasse ebenso große Schuld wegen der Sperrung der Konten auf sich geladen hatte.

Der Bundesgerichtshof verurteilte dieses Verhalten der Sparkasse nach fast 25 Jahren. Vielen Zulieferern der Firma Brunotte hat es nicht mehr geholfen, sie waren ebenfalls in Konkurs gegangen.

Für mich eröffnete sich eine ganz neue und unangenehme Lage. Ich selbst war fast 50 Jahre alt – nicht unbedingt ein Alter, wonach Firmen neue Leute suchen. Außerdem hatte ich eine große Familie, die mit Arbeitslosengeld kaum über die Runden kommen konnte und zum Dritten war in der Rezessionsphase im Bausektor das Stellenangebot fast auf Null gesunken. Nun war guter Rat teuer.-

Ein Lichtblick eröffnete sich durch einen Sportfreund, der als Beratender Ingenieur in Barienrode tätig war. Ich durfte mir durch Nivellierungsarbeiten ein paar Mark hinzuverdienen. Helmut Wohne, mit dem ich auch heute noch ein gutes Einvernehmen habe, hat mir und meiner Familie in der Zeit viel geholfen und sollte dankbar erwähnt werden.

Ich weiß heute nicht mehr, wie viele Bewerbungen ich abgeschickt hatte. Es waren jedenfalls eine ganze Menge. Das Arbeitsamt Hildesheim sandte meine Bewerbungsunterlagen mit meiner Zustimmung auch an die Arbeitsämter in Hannover und Braunschweig.

Dabei wurde mein Lichtbild ebenfalls mit dem Schwarz-Weiss-Kopierer erfasst und den interessierten Firmen übermittelt. Mein späterer Chef,

Herr Remmer, zeigte mir einmal diese Unterlagen. Ein Lichtbild, mit den damaligen Kopiergeräten erstellt, sah erbärmlich aus.

Mich wunderte der Mut von Herrn Remmer mich nach Einsichtnahme des Konterfeis überhaupt zu einem Gespräch zu bitten. So wie er gehandelt hatte, so würden es wohl die Wenigsten tun. Dabei wäre es ganz einfach gewesen von mir ein neues Lichtbild anzufordern. Wenn ich annehme, dass ich nicht der einzige Bewerber war, der auf die gleiche Weise den Firmen präsentiert wurde, dann kann ich mir durchaus vorstellen, dass dadurch einige Bewerber um ihre Chance gebracht wurden.

Im August 1974 bekam ich von der Firma Remmer-Holzwerkstätten GmbH aus Hannover die Aufforderung zu einem Vorstellungsgespräch. Meine Unterlagen wurden vom Arbeitsamt Hannover der Firma Remmer zugeleitet.

Diese Firma suchte einen Zimmermeister oder Bauingenieur mit mehrjähriger Erfahrung für die Führung der Zimmererabteilung. Aus der Betriebsleitung war der Senior-Chef verstorben und Herr Remmer jun. suchte nun einen Mitarbeiter, der erstens in die Firma passte und zweitens selbständig arbeiten konnte. Das Vorstellungsgespräch verlief sehr erfreulich, ich hatte jedenfalls ein gutes Gefühl. Herr Remmer sicherte mir zu, dass er sich kurzfristig entscheiden würde.

Nun muss ich noch erwähnen, dass wohl in jeder

überschaubaren Firma eine Vertrauensperson vorhanden ist. Diese Frau Bertram empfing mich zu dem Vorstellungsgespräch und war die rechte Hand des Seniorchefs und duzte den Junior. Am nächsten Morgen überfiel sie ihren Chef gleich mit der Frage, ob er mich denn eingestellt hätte. Nachdem er erklärte, er habe mit mir ein paar Tage Bedenkzeit vereinbart, drängte sie ihren Chef gleich, bei mir anzurufen, denn ich würde gut in die Firma passen. Ich frage mich noch heute, ob ich auf Frauen allgemein so einen unwiderstehlichen Eindruck machte oder ob ich Frau Bertram so sympathisch war. Ich hatte jedenfalls eine gute Fürsprecherin, und wenn ich die zwölf Jahre in der Firma Remmer Revue passieren lasse, dann hat sie recht gehabt. Es waren schöne Jahre.

Gegenüber der Firma Brunotte hatte die Firma Remmer einen ganz entscheidenden Vorteil. Sie war in ihren Strukturen überschaubar, d.h. klar geordnet.

Herr Remmer als mein Chef, dem Leiter der Tischlereiabteilung, die Leiterin des kaufmännischen Bereichs und das „Mädchen für Alles" gleich Telefonistin, Schreibkraft und Empfang sowie meine Person, bildeten die Führungsmannschaft.

Zu meiner eigenen Überraschung hatte ich mich schnell eingearbeitet, sowohl im Umgang mit den Mitarbeitern der Zimmerei als auch mit den veränderten Aufgabengebieten, die so gar nicht mit meiner Tätigkeit in Hildesheim vergleichbar waren.

Aber die Arbeit war um vieles angenehmer, nicht, dass ich nichts zutun hatte, sondern es machte einfach mehr Freude. Die Zusammenarbeit mit Herrn Remmer und der restlichen Bürobesatzung war hervorragend. Wir waren ein starkes Team. Wenn dann auch noch meine Mitarbeiter in der Zimmerei, allen voran die Poliere, Herr Kühnemuth und Herr Jäger, am gleichen Strang zogen, dann war das schon ein Glückslos, das ich da gezogen hatte. In den zwölf Jahren, die ich das Vergnügen hatte in dieser Firma zu

Als Vortragender beim Richtspruch

arbeiten, kann ich wohl mit voller Überzeugung sagen, es war eine wunderschöne Zeit.

Wenn ich heute so als Rentner durch Hannover fahre, dann habe ich ein stolzes Gefühl, wenn ich dann sagen kann: „Schau mal, an diesem oder jenem Objekt hast du mitgewirkt; manchmal mit eigenen Ideen Veränderungen beeinflusst und mitgeholfen, etwas zu schaffen, was uns vergänglichen Menschen überdauert. Aus der Fülle von unterschiedlichsten Aufträgen ist es sehr schwer, die Wichtigsten, Schönsten, Anspruchsvollsten hervorzuheben. Ich glaube auch, dass es unerheblich ist, wie groß und umfangreich ein Auftrag ist – sondern die Freude über eine gelungene, fachgerechte Lösung der Aufgabe bringt den Erfolg. Hierbei hatte ich die vollste Unterstützung meines Chefs.

Eine weitere Voraussetzung meiner erfolgreichen Tätigkeit war sicher auch, dass ich mir im Interesse der Firma das Vertrauen der Auftraggeber, Behörden, Architekten erarbeitet habe. Bereits im Vorfeld, in der Planungsphase, muss man seine Mitarbeit anbieten. Nicht jeder Architekt oder Bauingenieur ist Holzbauer.

Wenn ich doch auf einen Auftrag ausführlicher eingehe, so hat dies seine speziellen Gründe. Wir erhielten von der Stadt Hannover den Auftrag für die Ing.-Holzkonstruktion des Freizeitbades Vahrenwald. Es war der größte Auftrag, den die Firma Remmer bis zu dieser Zeit abgewickelt hatte. Die Schwimmhallenüberdachung bestand aus Holzleimbindern mit unterschiedlichen Dachneigungen, die durch in der Dachfläche liegenden Windaussteifungen arretiert wurden. Die Nebenräume, bestehend aus Massivwänden, wurden mit waagerecht verlegten Leimholzbalken und mit Nut – und Federschalung abgedeckt.
Alle Ausführungszeichnungen, Detailplanungen und Massenermittlungen wurden von mir erstellt und der Firma Hüttemann – ein Holzleimbaubetrieb – zur Anfertigung übergeben. Da für den rationellen Arbeitsablauf bei der Montage alle Vorbohrungen bereits im Herstellerwerk vorgenommen werden sollten, bin ich mit einem Mitarbeiter in das

Werk gefahren und habe dort vor der Verladung alles erledigt. Es war dann ein erhebendes Gefühl, dass bei der Montage alles passgenau stimmte. Man wird es mir nicht verübeln, dass ich über die hervorragende Leistung meiner Mitarbeiter, hier sei vor allem mein Polier, Herr Jäger, genannt, sehr stolz war und auch heute noch bin.

Bei der Einstellung im Oktober 1974 war ich schon 50 Jahre alt. Ich habe bereits berichtet, dass ich riesiges Glück hatte, diese Tätigkeit ausüben zu dürfen. Nach diesen Überlegungen wäre ich bis zu meiner Pensionierung im fünfundsechzigsten Lebensjahr, 15 Jahre in der Firma tätig gewesen und die Firma Remmer 100 Jahre alt.

Im Baugewerbe gab es eine Vorruhestandsregelung, die es ermöglichte, bereits vorher aus dem Erwerbsleben auszuscheiden. Ich hatte mich ausführlich mit meiner Frau unterhalten, ob ich wohl von dem Angebot des vorzeitigen Ruhestandes Gebrauch machen sollte. Wir, meine Frau und ich, waren oder fühlten uns gesund und munter und wir hatten uns vorgenommen, noch viele Jahre gemeinsame Freizeitaktivitäten zu unternehmen. Unsere Kinder waren erwachsen, die meisten schon außer Haus, teilweise schon verheiratet. Also beschlossen wir meinen beruflichen Ausstieg.

Nur, wie sage ich es meinem Chef? Ich hatte ein ungutes Gefühl, musste doch dankbar sein, in meinem Alter noch so eine prima Arbeitsstelle zu haben. Herr Remmer, dem ich meine Vorhaben sagte, machte nicht gerade einen glücklichen Eindruck.

Aber wie das bei einem guten Verhältnis nicht anders zu erwarten war, fanden wir eine vernünftige Lösung. Ich war bereit so lange weiter zu arbeiten, bis ein neuer Mitarbeiter gefunden und eingearbeitet war. Nur, was wir da erlebt hatten, war schon „starker Tobak". Einen fünfzigjährigen Zimmermeister hatten wir auf Probe eingestellt. Er kam mir eigentlich gleich etwas komisch vor, denn seine Art, Dinge zu behandeln und seine Fragen zu technischen Abläufen, zeugten nicht unbedingt von großem Fachwissen. Ein einziges Mal habe ich ihn zu einem Beratungsgespräch zu einem bekannten Architekten geschickt. Er war noch gar nicht im Büro zurück, da rief der Architekt schon an und meinte, was wir für einen „Vogel" da eingestellt hätten. Mein Chef zog die Notbremse und schickte den Bewerber wieder nach Hause.

Bei dem nächsten Bewerber hatten wir dann mehr Glück. Er war jünger, dadurch passte er viel besser in unser Team. Ich blieb noch einige Zeit zur Einarbeitung meines Nachfolgers und Ende September 1986 war mein letzter Arbeitstag. Meine Mitarbeiter und Kollegen bereiteten mir einen würdigen Abschied. Vom Chef erhielt ich eine hervorragende Kamera. Ich sollte ja keine Langeweile haben.
Zur 100-Jahr-Feier erhielt ich gleich eine Einladung. Meine Kollegen baten mich, im Namen der Mitarbeiter einige Worte an die Festversammlung zu richten. Wenn ich die anerkennenden Worte

und das Schulter klopfen richtig werte, dann hatte ich meine Aufgabe gut gelöst.

Wie ich bei gelegentlichen Besuchen in der Firma erfahren konnte, hatte mein Nachfolger doch einige Probleme bei unseren Auftraggebern, den Kontakt und die Anerkennung zu finden, die ich mir in meiner Zeit erarbeitet hatte. Es ist sicherlich verständlich wenn eine Geschäftsverbindung, die jahrelang behutsam aufgebaut wurde und dann ein Generationswechsel eintritt, sich jeder neu sortieren muss.

Beide Seiten testen sich aus, die Personen beschnuppern sich, ob man zusammen passt. Auch dieser Vorgang ist gekennzeichnet durch persönliche Vergleiche und natürlich erwartet der Geschäftspartner die gleiche Fachkompetenz, die er von mir gewohnt war.

Es muss wohl an dem Spruch, Rentner hätten keine Zeit, etwas Wahres sein. Meine Absicht, mal wieder meine alte Wirkungsstätte zu besuchen, habe ich bis zum heutigen Tage nicht in die Tat umgesetzt. Aber im nächsten Jahr – versprochen!

Gibt es etwas Schöneres, wenn man mit guten Gefühlen mit sich und seiner Umgebung zufrieden ist, einen Lebensabschnitt beendet, der den größten Teil meines Daseins geprägt hatte. Ich jedenfalls bin sehr dankbar, dass das Schicksal so freundlich mit mir umgegangen ist.

Mein zweiter Beruf, der Sport

Im Grunde stimmt es ja gar nicht, dass das Berufsleben der beständigste Lebensbegleiter für mich war. Der Sport und alles was damit im Zusammenhang steht, hat mein Leben vielfältig begleitet und geprägt.

Es wird im Volksmund vom Sport als die schönste Nebensache der Welt gesprochen. Auch das trifft für mich kaum zu. Ein Leben ohne Sport muss doch furchtbar sein. Ich jedenfalls kann mir das nicht vorstellen. Also doch nicht nur Nebensache! Bei mir war und ist Sport ein unerlässlicher Lebensbegleiter, und ich möchte keine einzige Erfahrung, die ich beim Sport wahrgenommen habe, missen.

Meine Eltern können mir eigentlich nicht die Sportbegeisterung in die Wiege gelegt haben. Mein Vater war mehr Radio hörender Sportinteressierter, als dass er aktiv tätig geworden wäre. Wie soll er auch, bei der großen beruflichen Belastung noch Zeit für sportliche Aktivitäten aufbringen? Mit meinen Brüdern, Artur und Gustav war auch kein Staat zu machen, lediglich mein Bruder Herbert war ein sehr guter Leichtathlet, Mittelstreckenläufer und beim MTV Breslau-Lissa ein hervorragender Handballer.

Meine ersten Kontakte mit einem Sportverein hatte ich in der Fußball-Schülermannschaft beim SC

Breslau-Lissa im zarten Alter von sechs Jahren. So ganz gute Erinnerungen habe ich von damals eigentlich nicht mehr. Meistens verloren wir unsere Spiele recht hoch, und die blauen Flecken an den Schienbeinen steigerten nicht unbedingt meine Freude am Fußballspielen.

Viel mehr Spaß machte da schon das Handballspielen, das für Schüler beim MTV Breslau-Lissa angeboten wurde. Übrigens der gleiche Verein, bei dem auch mein Bruder Herbert in der 1. Mannschaft spielte. Über die Schüler – und Jugendmannschaften blieb ich bis Kriegsbeginn bei den Handballern.

In der Wehrmachtszeit stand der Sport zwar oft auf dem Dienstplan, aber Handball wurde kaum gespielt, dafür Fußball umso mehr.

Unser Pionier-Bataillon in Breslau-Cosel vereinbarte ein Freundschaftstreffen mit der Liga-Mannschaft von Breslau 02. Ich hatte mich als Spieler gemeldet und war als rechter Läufer vorgesehen. Wie das bei Pionieren zu erwarten war, ruderten wir mit Pontons auf der Oder zum Stadion. Wir als Spieler wurden für das Spiel geschont und nicht zum Rudern eingesetzt. Nachdem wir das Spiel mit 3:0 verloren hatten, war die Schonung auf der Rückfahrt vorbei. Nun musste die Verlierer-Mannschaft an die Ruderblätter.

Im Jahre 1946, damals 22 Jahre jung, nach der Entlassung aus der Gefangenschaft, kam ich nach Bad Salzdetfurth. Es juckte mächtig in den Fingern, ich wollte mich unbedingt sportlich betätigen. Der

... und reiten kann er auch nicht!

SV Eintracht Bad Salzdetfurth war auf Fußball festgelegt und dies war für mich nicht besonders erstrebenswert.

Handball-Mannschaft Eintracht Bad Salzdetfurth nach dem 50. Spiel
2.Reihe stehend: der 2. von links bin ich!

Im Frühjahr 1947 bemühten sich um den ehemaligen Oberligaspieler, Walter Gärtner, einige Handballfreunde um die Aufstellung einer Herrenmannschaft. In Bad Salzdetfurth wurde bis dahin noch nicht Handball gespielt.

Ich ging also zu den angekündigten Trainingszeiten auf den Sportplatz an der Lamme und nahm am Training teil. Am 2. Mai 1947 war es dann soweit. Mit dem SV Söhre hatten wir einen eingespielten Gegner gefunden und ihn zu einem Freundschaftsspiel nach Salzdetfurth eingeladen.

Wir gewannen mit 16:4, und das war das Startsignal für eine sehr schöne und erfolgreiche Zeit der neu gegründeten Handballabteilung.

Zu meinem ersten Einsatz in dieser Mannschaft muss ich noch etwas ausführlicher eingehen; schon deshalb, weil sich für mich ein ganz neues Spielverständnis einstellte.

Walter Gärtner, dieser Oberligaspieler, im Spielerstamm der Olympiamannschaft von 1936, war für mich jungen Dachs ein unerreichbares Vorbild. Und nun sollte ich mit so einem begnadeten Handballer in einer Mannschaft spielen. Ich wurde bei der Mannschafts-aufstellung als linker Läufer berücksichtigt. Walter nahm mich vor dem Spiel noch einmal ins Gebet – ich solle dem Rechtsaußen nicht von der Pelle gehen, maximal einen Meter Freiheit solle mein Gegenspieler genießen. Ich konnte im Grunde mit dieser Anordnung nicht viel anfangen. Aber, wenn so ein erfahrener Mann – er war über 15 Jahre älter als ich – so eine Aufgabe für mich vorsah, dann wird dies sinnvoll sein.

Es kam so, wie es zu erwarten war, mein Gegenspieler konnte nicht ein einziges Mal in der gesamten Spielzeit angespielt werden. Ich schirmte ihn komplett ab. Da er keinen Ball bekam, hatte ich natürlich auch keinen Ballkontakt. Die Einschätzung meiner Leistung war deshalb nicht besonders positiv. Man muss sich dies einmal vorstellen, eine Stunde Spiel und nicht einmal den Ball in der Hand gehabt. Ich war mächtig niedergeschlagen! Ja, wenn da nicht mein väterlicher Freund, Walter Gärtner, gewesen wäre. Er klopfte mir auf meine

Schulter und sagte nur: „Hans, das hast Du gut gemacht! Du spielst in Zukunft als Stammspieler in der Mannschaft". Das ging natürlich wie Öl hinunter, ich hatte nichts gemacht und trotzdem diese Anerkennung.

Im Mai 1947 gab es noch nicht viele Möglichkeiten, sich eine Sportausstattung zu kaufen. Sporthosen, Trikots, Stutzen und Stollenschuhe waren nicht zu bekommen. Aber wir hatten ja pfiffige Frauen und Mütter. Die Mannschaft hatte sich auf eine rote Sportbekleidung festgelegt. Diese Entscheidung kam nicht von ungefähr, sondern hatte einen ganz realen Hintergrund. Das „Tausendjährige Reich" war ja zu Ende, und so waren die in jedem Haushalt vorhandenen Fahnen nicht mehr zu gebrauchen. Ja, diese Fahnen hatten nun einen roten Grundton, waren ausreichend vorhanden und als Spielkleidung zu gebrauchen. Unsere Frauen nähten die erste Ausstattung. Der Stoff kratzte zwar unangenehm auf der Haut, aber solch ein Reiz kann auch positiv gewirkt haben. Handball wurde damals noch auf dem Sportplatz, auf Rasen gespielt. Reine Handballschuhe gab es natürlich auch noch nicht. Um auf dem manchmal recht nassen Rasen überhaupt einen Stand zu haben, waren Stollen unter den Schuhen unbedingt erforderlich. In Heimarbeit wurden Lederstücke mit Nägeln unter den Sohlen befestigt. Alles sicher ein Notbehelf, aber was sollten wir denn machen? Wir wollten uns doch als Mannschaft gut verkaufen, so mussten wir uns eben etwas einfallen lassen.

Ermuntert durch gute Spielergebnisse nahmen wir 1948 den Punktspielbetrieb auf. Die „Roten Teufel" oder wie wir bei der Presse bald hießen „Die Gärtner-Elf", wurde zu einem Marken-zeichen im Kreis und Bezirk. Neben der normalen Punktspielsaison waren wir Trainingspartner der polizeilichen Regierungs-Bezirks-Mannschaft Hannover.

Auch interessante Freundschaftsbegegnungen standen auf unserem Terminkalender. Ein sportlicher Höhepunkt war der Besuch der Handballmannschaft von Chemie Dessau. Zuerst reisten wir nach Dessau und wurden dort mit viel Aufmerksamkeit empfangen. Beim festlichen Abend in der Kantine der Firma wurde reichlich aufgetischt. Bier und Schnaps flossen in Mengen und für nette Unterhaltung und mehr war durch die Anwesenheit von jungen Damen ausreichend gesorgt.

Rein sportlich hat uns das Gelage am Vorabend des Handballspiels nicht gut getan. Wir bekamen eine ordentliche Packung. Heute verstehe ich die absichtliche Zeitplanung – unter seriösen Leuten heißt es so schön: „Erst die Arbeit, dann das Vergnügen!" Wir aber hatten es andersrum gemacht, war wohl nicht richtig. – Beim Rückspiel in Bad Salzdetfurth wurde das Freundschaftsspiel am Samstagnachmittag ausgetragen. Der Ausgang war für uns positiver, denn wir hatten mit einem Tor Unterschied gewonnen.

Abends ging es dann in der Bahnhofsgaststätte richtig rund. Uns wurde diskret mitgeteilt, dass bei den Gästen auch ein politischer Aufpasser mitgereist war, der seine Schäfchen beobachten sollte. Wir hatten den Eindruck, dass dieser Aufpasser nicht besonders gut bei seinen Vereinskameraden angesehen war. In einer spontan abgesprochenen Aktion lösten wir uns beim Thekensaufen ab, mit dem Ziel, diesen SED-Genossen richtig vollaufen zu lassen. Es dauerte gar nicht so lange, dann war er total besoffen. Und so war es nicht verwunderlich, dass er viel dummes Zeug erzählte und vor dem Singen des Horst-Wessel-Liedes nicht zurückschreckte. Die Freude bei unseren Handballkameraden aus Dessau war jedenfalls riesengroß. Wie wir später erfuhren, wurde der Spitzel-Genosse von seinem Posten enthoben.

Im Laufe der Jahre veränderte sich naturgemäß die Zusammensetzung der Mannschaft. Neue, unverbrauchte Leute rückten nach. Die sportlichen Erfolge blieben uns jedoch weitestgehend erhalten. Natürlich auch mit Misserfolgen, wie das im Sport so üblich ist.

Ich wurde innerhalb der Mannschaft vom Junior langsam aber sicher zum Senior. Durch den beruflichen Abgang des bisherigen Abteilungsleiters wurde ich als sein Nachfolger auserkoren. Das Feldhandballspiel wurde allmählich durch den Hallenhandball abgelöst. Eine ganze Zeitlang ging die Entwicklung parallel. Die Punktspiele wurden nach wie vor auf dem Sportplatz ausgetragen.

Daneben entwickelten sich schon Hallenturniere –

es gab zu jener Zeit kaum hallenhandballgerechte Sportstätten. In Hildesheim war eigentlich nur die Sporthalle am Pappelweg geeignet. Unser erstes Hallenhandballspiel absolvierten wir in der Halle der Gallwitz-Kaserne. Diese Exerzierhalle hatte als Fußboden Holzpflaster, nicht gerade eben und abgezogen. Stellenweise standen Pfützen auf dem Holzparkett, da die Halle ein defektes Dach hatte. Aber die Begeisterung beim 1. Hallenturnier des SV Grün-Weiß Himmelsthür (Polizeimannschaft) im April 1950 ließ diese Unzulänglichkeiten nebensächlich erscheinen.

Unsere Mannschaft mit dem alten Kämpfer Walter Gärtner, war die große Überraschung des Turniers. Wir erreichten den Einzug ins Finale und nach großem Kampf verloren wir das Endspiel gegen die haushohen Favoriten Grün-Weiß Himmelsthür klar mit 17:5.

Im April 1954 wagten wir die Veranstaltung eines eigenen Handballturniers in der kleinen Schulturnhalle der damaligen Volksschule (heute Rathaus). Mit der Teilnahme von 12 Mannschaften aus der Stadt Hildesheim und dem Kreisgebiet, erzielten wir einen guten Einstand und boten den zahlreichen Zuschauern guten Handballsport.

Heute würde man darüber lachen, unter welchen Bedingungen Handball gespielt wurde. Die Tore hatten wir uns selbst zusammengezimmert, die Linien des Wurfkreises waren mit Kreide auf den Fußboden gezeichnet. So ganz hohe Zuspiele des Balles hatten die unangenehme Folge, dass die herabhängenden Glaslampen als Scherben auf dem Fußboden landeten. Für diese Fälle war der eingespielte Besendienst schnell zur Stelle.

Durch meinen Umzug im Juni 1961 nach Barienrode gab ich das Amt als Abteilungsleiter Handball in Bad Salzdetfurth auf, und bedingt durch die beruflichen Beanspruchungen wurden meine Einsätze in der Mannschaft immer weniger und, um es ehrlich zu sagen, ich wurde für das schnelle Hallenspiel auch zu langsam – man wird ja nicht jünger! So richtig hat mir das Hallenhandballspiel auch nicht zugesagt. Es ist wesentlich härter, da die engen Verhältnisse ein weiträumiges Spiel gar nicht mehr zuließen. Die Verbundenheit mit der SV Eintracht Bad Salzdetfurth blieb aber noch lange Jahre erhalten.

Ferdi Vette, mit seinen engsten Mitarbeitern, gründeten 1950 das Burgberg-Turnfest auf einem Waldgelände mit natürlichen Wettkampfanlagen. Laufen, Werfen, Springen in altersgerechter Einteilung war jedes Jahr Anziehungspunkt für Leichtathleten und Turner. Selbstverständlich war ich ständiger Teilnehmer und Helfer. Leider ist durch das Überangebot von Veranstaltungen und durch den Ruf nach perfekten Wettkampfanlagen die Teilnehmerzahl erheblich zurückgegangen und führte dazu, dass die Verantwortlichen nach fünfzigjähriger Folge diese volkstümliche Veranstaltung einstellten.

Im Sommer 1961 zog ich mit meiner Familie in das halbfertige Eigenheim in Barienrode. Sicher war die Wohnqualität gegenüber der Notwohnung in Bad Salzdetfurth als super zu bezeichnen, aber ehe alles so weit war, wartete noch viel Arbeit auf meine Familie und mich. Deshalb war es nicht verwunderlich, dass der Sport zeitweilig etwas in den Hintergrund gedrängt wurde. Ich spielte noch gelegentlich in der 2. Mannschaft in Bad Salzdetfurth Handball, aber unser neues Haus einigermaßen wohnlich herzurichten hatte Priorität.

In Barienrode gab es zu der Zeit noch keine Sportmöglichkeit, so dass ich für mich allein etwas Bewegung suchte. Aber die hatte ich ja genug – nur nicht auf dem sportlichen Sektor.

1967 wurde in Niedersachsen einmalig, hier in Barienrode, ein Verein ausschließlich von Frauen gegründet. Die Schulräume waren in Ermangelung anderer Räumlichkeiten Übungs-stätten für die Frauen-Gymnastikgruppe. Schon im November 1967 nahmen Kindergruppen den Übungsbetrieb auf. Mit viel fraulichem Charme erreichte die Vorstandsriege bei der Gemeinde und dem Kreissportbund die Zusage, für den aufstrebenden Verein eine Gymnastikhalle zu bauen. 1969 war es dann soweit! Die neue Halle wurde feierlich in Betrieb genommen.

Nun wollten die Männer nicht mehr abseits stehen, und durch Gründung von Männer-Gymnastik- und Tischtennisgruppen war die Grundlage für eine stürmische Entwicklung des SC Barienrode gelegt. Die Mitgliederzahlen schossen nach oben, so dass es 1970 schon 265 Vereinsmitglieder waren.

Die Entwicklung zu einem Verein mit der Losung „Sport für Alle" wirkte sich auch auf die Zusammensetzung des Vorstandes aus. Der bisher von Christa Demmler (Klepp) geführte Vorstand, der nur mit Frauen besetzt war, wurde bei der Hauptversammlung 1970 durch Männer ergänzt. Norbert Arnold (bereits verstorben) übernahm den Verein als 1. Vorsitzender. Nach nur zwei Jahren verzichtete er auf eine Wiederwahl.
Ich hatte bereits vor der Hauptversammlung 1971 den Posten als Sportwart von Ursula Otto übernommen und rückte damit in den Vorstand ein.
Die Suche nach einem neuen Vorsitzenden gestaltete sich recht schwierig. Viele Freunde drängten mich, den Vorsitz zu übernehmen; in der Zwischenzeit hatte ich mich in der Gemeinde politisch betätigt und wollte keine Verquickung der verschiedenen Tätigkeiten. Wir konnten dann 1972 Prof. Dr. Walter Achilles (verstorben) gewinnen, den Posten zu übernehmen, mit meiner Zusage, alle sportlichen Aktivitäten durch meine Hände laufen zu lassen. Wie das manchmal so ist, alle guten Vorsätze auf dem Papier zählen nicht viel, wenn die Praxis anders aussieht. Um es kurz zu machen, die Vereinsmitglieder scherten sich wenig um unsere Vereinbarung. Dr. Achilles wurde mehr gefordert als ihm lieb war, und 1974 stellte er sich nicht mehr zur Wiederwahl.

Nun kam die Vereinsführung wieder auf mich zu und ganz viele Ausreden, diese Aufgabe nicht zu übernehmen, blieben mir nicht mehr. Also gab ich meinen Posten als Sportwart ab und wurde 1. Vorsitzender. Es sollte eine für mich und, so glaube ich heute, auch gute Zeit für den Verein werden. Gemeinsam mit engagierten Frauen und Männern brachten wir viele Dinge ins Laufen und die Ergebnisse unserer Arbeit konnte man an den steigenden Mitgliederzahlen ablesen. Am Ende meiner Vorsitztätigkeit hatte der Verein über 600 Mitglieder.

Es ist müßig über die ehrenamtliche Zeit nachzudenken. Wenn man dies tut, dann sollte derjenige gleich die Finger von dieser Art Verantwortlichkeit für andere lassen. In der Regel findet man nicht die Anerkennung, die diese Tätigkeit verdient. Es gibt einen Personenkreis, der alles besser kann, aber jede Mitarbeit weit von sich weist. Ich hatte jedenfalls einen großen Stab von Helfern um mich, und gemeinsam haben wir eine Menge auf die Beine gestellt. In der Festschrift zum 25jährigen Jubiläum des SC Barienrode kann man es nachlesen. Ich möchte hier nur die größeren Ereignisse auflisten, die zeigen sollen, was alles mit gemeinsamer Arbeit erreicht werden kann.

1973 Einweihung der Sportplatzanlage. Für unseren Verein ein Meilenstein, denn nun konnte Fußball, alle leichtathletischen Disziplinen, Sportunterricht der Grundschule auf einer optimalen Außenanlage durchgeführt werden.

1974 Redaktionsbeginn einer Vereinszeitung „aktuell" zur Unterrichtung aller Haushalte über die Aktivitäten des Vereins.
Inbetriebnahme des Clubhauses als Zentrum des Vereinsgeschehens. Hier waren viele Schwierigkeiten, sowohl mit den Behörden als auch mit den Anliegern, aus dem Weg zu räumen. Gegenüber der Gemeinde (schon Einheitsgemeinde Diekholzen) haben wir den Innenausbau in Eigenleistung übernommen. So etwas gelingt nur, wenn der Vorsitzende als Motor, man kann auch sagen „Antreiber" dahinter steht und mit gutem Beispiel Vorbild ist.

1975 Nach der Gründung einer Tennisabteilung wurde 1976 die Tennisanlage in Benutzung genommen. Auch hier gingen wir neue Wege der Finanzierung. Die Mitglieder der Abteilung übernahmen Bürgschaften und sicherten die Finanzierung ab.

1976 Unser Verein war stets in der Spitzengruppe der Sportabzeichen- Verleihungen.
Der Deutschlandbeauftragte für das Deutsche Sportabzeichen, Albert Lepa aus Hannover, kam persönlich zur Überreichung der Auszeichnungen. Albert Lepa kam übrigens 1983 noch einmal zu uns. Wir waren mächtig stolz auf diese Ehrungen.

1980 Ein lang herbeigesehnter Wunsch ging in

Erfüllung. Unsere viel zu kleine Gymnastikhalle wurde erweitert und schaffte Raum für neue Gruppen und Aktivitäten. Auch hier übernahmen wir die Innenvertäfelung der Halle, um die Kosten für die Gemeinde in erträglicher Höhe zu halten. Görtz und Co. waren wieder gefragt und auch diese Belastung erfüllten wir mit Bravour. Eine große Sportschau krönte unser Bemühen.

1987 Die vorhandene Tennisanlage reichte für den Tennisbetrieb nicht mehr aus. Helmut Richter plante eine Dreiplatz-Anlage. Der Verein gab seine Zustimmung, und auch das Gericht hatte ein Einsehen und lehnte Einsprüche der Anlieger ab. So entstand eine der schönsten Tennisanlagen des Kreises. Bepflanzung, Überdachung, Tennisstübchen und nach etlichen Jahren zusätzliche Erweiterung wurden, wie schon bei uns üblich, in Eigenarbeit erstellt.

1991 habe ich dann, nach 17 Jahren, den Vorsitz des Vereins an Enno Niehaus abgegeben. Ob in meiner Zeit alles Mögliche erreicht wurde oder ob man einiges noch besser hätte machen können, das müssen andere beurteilen. Wenn ich das Schulterklopfen der Freunde richtig werte, dann kann ich mit dem Erreichten wohl zufrieden sein.

Die Jahreshauptversammlung verabschiedete mich mit der Ernennung zum Ehrenmitglied. Nun brauchte ich keinen Beitrag mehr bezahlen – auch ganz schön.

Als Vereinsvorsitzender hat man neben seiner vielfältigen Arbeit innerhalb des Vereins auch Kontakte zu den übergeordneten Fachverbänden und diese Verbindungen müssen gepflegt, unterstützt und auch positiv ausgenutzt werden.

Logischerweise geschieht dies am besten, wenn man in diesen Fachverbänden aktiv mitarbeitet. Bei mir bot sich dabei der Fachverband Turnen an, zumal der größte Teil der Mitglieder meines Vereins im Turnkreis organisiert waren. Auf Tagungen und Lehrgängen wurde ich bekannt, und so war es nicht verwunderlich, dass meine Mitarbeit gewünscht wurde. Unser Turnkreis war damals noch in Bereiche unterteilt. Unsere Turnfreunde aus Alfeld wollten ihre Eigenständigkeit bewahren, so blieb es vorerst bei den Bereichen Alfeld und Hildesheim.

In den für unseren Verein zuständigen Bereich wurde ich zum 2. Vorsitzenden gewählt.
Der Niedersächsische Turner-Bund sah die Zweiteilung überhaupt nicht gern, hatte aber aus den verschiedensten Gründen nicht den Mut, durch ein Machtwort den Zusammenschluss anzuordnen. Vielmehr wurden beide Bereiche aufgefordert, in Verhandlungen mögliche Zusammenarbeit auszuloten.

Ich war als Vertreter des Bereiches Hildesheim maßgeblich beteiligt, und in unzähligen Sitzungen der Führungsebenen beider Bereiche wurde um jeden Zentimeter auf dem Wege zu einer Einigung gerungen.
Wenn ich viele Einwände und Entscheidungen aus damaliger Sicht überhaupt nicht verstehen konnte, so sehr sehe ich das Verhalten der Vertreter des Bereiches Alfeld als auch des Bereiches Hildesheim heute durchaus als nachvollziehbar an.

Mit jeder Änderung werden Mitarbeiter, die sich um der Sache willen mit viel Engagement eingesetzt haben, freigestellt. Mit der unerfreulichen Konsequenz, dass diese betroffenen Mitarbeiter für den Verband verloren gehen oder was noch viel schwerer wiegt, offen gegen den Zusammenschluss arbeiten.

Sicher gab es gute Gründe auf der Ebene des Niedersächsischen Turnerbundes und des Kreissportbundes mit deckungsgleichen Einheiten innerhalb eines Landkreises zu arbeiten. Aber die ehrenamtlichen Vorstände müssen mitgenommen werden, denn das schlimmste was einem Verband mit nahezu 27 000 Mitgliedern passieren kann, wäre eine Einigung die nicht unterstützt würde und damit Kräfte verbraucht, die nicht der Sache helfen.

Nach vielen Sitzungen wurde ein Kompromiss erzielt und die Gründung eines gemeinsamen Turnkreises Hildesheim-Alfeld beschlossen.

... und reiten kann er auch nicht!

Der neue Vorstand des Turnkreises Hildesheim/Alfeld
2. von links bin ich!

Bei dem ersten gemeinsamen Turntag 1983 auf dem Galgenberg (es wurde keiner erhängt) wurde ich zum Oberturnwart gewählt. Fortan wurden alle Lehrgänge gemeinsam angeboten und die Fachwarte der einzelnen Sparten waren zur Zusammenarbeit verpflichtet. Auch alle Kreisturnfeste wurden gemeinsam geplant und durchgeführt. Alfeld, Nordstemmen, Gronau und Sarstedt waren für anerkannt gute Turnfeste die Austragungsorte.

1991 erklärte Else Pfeiff ihren Rücktritt als Vorsitzende des Turnkreises und bis zum nächsten Turntag wurde ich mit der kommissarischen Leitung des Turnkreises beauftragt. Beim Turntag 1992 wurde ich dann Vorsitzender des 27 000 Mitglieder zählenden Turnkreises Hildesheim-Alfeld.

Mein Bemühen in der Zeit als Vorsitzender, eine

noch bessere Zusammenarbeit der Bereiche und seiner Mitarbeiter zu erreichen, war leider nicht so erfolgreich wie es hätte sein sollen. Einige Mitarbeiter gingen sogar so weit und blockierten eine mögliche bessere Verbandsarbeit.

Durch die schwere Erkrankung meiner lieben Margret war ich auch nicht in der Lage, meine volle Kraft für die Verbandsarbeit einzusetzen. Ich hatte sicher auch nicht mehr die Lust, mit Mitarbeitern zusammen zu arbeiten, die nicht mehr die Sache, sondern nur persönliche Intrigen als Ziel ihrer Arbeit sahen.

Wohlgemerkt, ich spreche hier von einigen Personen, mit vielen Freunden fühle ich mich auch heute noch verbunden und bedanke mich bei denen für ihre hervorragende Zusammenarbeit.
Aus all diesen negativen Gründen habe ich dann mein Mandat niedergelegt.

Was macht einer, der sein bisheriges Leben neben seinem geliebten Beruf und den Aufgaben in seiner großen Familie, im Ehrenamt des Sportes tätig war und dies alles weitestgehend als erledigt betrachten konnte? – Er sucht sich neue Schwerpunkte. Und welche sind das dann? Sicher Dinge, die Spaß machen, und wo man selbst der Meinung ist, dass man davon ein bisschen Ahnung hat.

Als junger Handballer und gelegentlicher Fußballspieler lernt man mit Bällen umzugehen, und da im SC Barienrode auch Tennis angeboten wurde, erkor ich den Tennissport für meine sportliche Zukunft als genau passend. In den Anfängen der Tennissparte waren Matches mit unterschiedlichen Partnern die Regel. Nachdem das Spielvermögen kontinuierlich zunahm und wir am Punktspielbetrieb teilnahmen, konnte ich mir einen Platz in der Seniorenmannschaft sichern.

Ich möchte natürlich nicht behaupten, dass ich mit meiner Spielstärke immer in die jeweilige Mannschaft gehört habe, aber eines halte ich mir zugute, dass ich so manchen Punkt für die Mannschaft einspielen konnte. Mein Handicap war ja immer mein Alter. Meinen Mannschaftskameraden gelang es einfach nicht, mich altersmäßig einzuholen. Also musste ich immer in Altersklassen spielen, in denen meine Mitspieler und Gegner meistens 5 bis 10 Jahre jünger waren als ich. Dies war natürlich auch manchmal mein Vorteil. Einige meiner jüngeren Gegner meinten im Stillen, schon haushoch gegen mich gewinnen zu können und mussten dann geknickt feststellen, dass auch ältere Spieler noch eine gute Figur abgeben.

Ich weiß es nicht so genau, wie viele Jahre ich am Punktspielbetrieb teil genommen habe – es ist auch unwichtig – wichtig ist vielmehr, dass ich nach wie vor viel Spaß am Mannschaftssport habe und solange meine Kameraden mein Mitwirken wollen oder auch erdulden, solange werde ich auch munter mitmischen.

Um mich in der Spielstärke mit gleichaltrigen Tennisspielern messen zu können, spiele ich bei den Bezirksmeisterschaften, die jedes Jahr in der Halle und auf den Außenplätzen ausgetragen werden, in der jeweiligen Altersklasse mit.

In den ersten Jahren mit recht mäßigem Erfolg. Meist war nach der ersten Begegnung schon Endstation. Dies hat mich aber keineswegs entmutigt, sondern eigentlich ermuntert, im nächsten Jahr wieder mitzuspielen. Zumal ich auch das Gefühl hatte, ein ebenbürtiger Gegner zu sein, der nicht so einfach vom Platz zu fegen war. Meistens war die Ursache meiner Niederlagen mein ungestümes Spielen, ich machte die meisten Fehler selbst.

In den letzten Jahren konnte ich gute Ergebnisse erzielen. Bei den Bezirksmeisterschaften erreichte ich fast immer das Halbfinale. Ich muss also weiter viel üben, um einmal ins Endspiel zu kommen.

Auch bei den Deutschen Senioren-Meisterschaften in Bad Neuenahr war ich unter den Teilnehmern. Unwahrscheinlich ist dabei die große Zahl der Nennungen. Immerhin bestand im vergangenen Jahr 2003 die Tabelle der Herren 75 ein 64 – Feld. Im Einzel kam ich über die erste Runde nicht hinaus. Nach großem Kampf, meistens nach drei Sätzen, musste ich die Segel streichen.

Dafür hatte ich mit meinem hannoverischen Partner, Bodo Fiedeler, im Jahre 2002 im Herren-Doppel 75 das Halbfinale erreicht. Gegen die späteren Deutschen Meister Ihns/Hahne hatten wir aber keine Chance das Endspiel zu erreichen.

Eine Begebenheit aus dem Jahre 2001 möchte ich noch kurz schildern. Für das Herren-Doppel 75 wurde mir als Partner Dr. Heils von der amerikanischen Botschaft aus Bonn zugelost. Wir ergänzten uns beim ersten Spiel hervorragend und zu unserer größten Freude gewannen wir das Spiel. Mein Partner war so was von Happy, er hatte sonst bei diesem Turnier noch kein Spiel gewinnen können. Spontan lud er mich, meinen Sohn und meine Enkelin, die uns als Zuschauer aktiv unterstützt hatten, zur Siegesfeier ein. Seine Gattin bedankte sich überschwänglich über das Erreichte. So einfach ist es manchmal, Freude zu bereiten. Wie zu erwarten war, verloren wir dann in der nächsten Runde unser Spiel und waren trotzdem zufrieden.

Einen meiner größten Erfolge konnte ich bei einem Internationalen Veteranen-Turnier in Cala Ratjada auf Mallorca im Jahre 2002 erringen. Im Herren-Einzel kam ich ins Halbfinale gegen Edgar Pohle. Nach einem tollen Spiel verlor ich zwar 4:6, 5:7, aber so knapp war ich noch nie einem Endspiel nahe. Hätte ich das Endspiel erreicht, dann wäre ich in den Genuss von Preisgeld gekommen. 175,00 € ist zwar recht wenig im Vergleich zu den Summen der Profis, aber für den Anfang doch nicht zu verachten.

Zu all diesen Freizeitinitiativen muss die richtige Einstellung stimmen. Ich bin nun einmal irgendwie verrückt in meiner Wertigkeit zu diesem sportlichen

Tun. Ohne Spaß, ohne einen vernünftigen Ehrgeiz, lässt sich auf Dauer keine Zufriedenheit aufbauen. Wenn dann noch andere Freunde eine solche Einstellung mitbringen, dann fiebert man schon dem nächsten sportlichen Treffen entgegen. Ich habe das wunderbare Vergnügen, einer Gruppe von Senioren anzugehören, die meine Besessenheit teilen.

Das Dream-Team SC Barienrode

Einmal in der Woche wird zwei Stunden lang Tennis-Doppel gespielt. Alles als reine Hobbybeschäftigung, aber von wegen ohne Ernsthaftigkeit?. Da wird um jeden knappen Ball gestritten, aber alles im normalen Rahmen. Spätestens beim verdienten Bierchen im Anschluss an das sportliche Tun, sind alle Streitigkeiten schnell vergessen.

Aber nicht nur Sport steht auf dem Programm, sondern Reisen, Fahrradtouren, Essen und viele andere gemeinsame Aktionen werden geplant und durchgeführt. Auch die Ehepartner und Lebensgefährtinnen sind mit eingebunden. Ich kann nur zufrieden feststellen – gesucht und gefunden! Ich jedenfalls kann mir nicht so recht vorstellen, dass diese Senioren-Gruppe einmal nicht mehr bestehen sollte.

Aufgaben für das Gemeinwohl

Meine Jugend verlebte ich,- ob ich wollte oder nicht,- im „Tausendjährigen Reich". Für die meisten Jungen und Mädel war das Mitmachen bei der Hitler-Jugend weniger eine Frage der politischen Einstellung – soweit man sich in dem Alter überhaupt um diese Dinge Gedanken macht – als vielmehr dabei zu sein. Für uns war das Angebot, das Gemeinschaftserlebnis, viel wichtiger als die Prüfung, ob mit der Jugendarbeit ein ganz bestimmter Zweck erfüllt werden sollte. Zumindest war das meine Einstellung.

Wenn ich heute mit der Frage konfrontiert werde, warum wir alle mitgemacht haben, dann unterstellt man uns Fähigkeiten, die wir gar nicht haben konnten. Wir hatten ja nichts anderes kennen gelernt.

Kritische Nachfragen kamen mir dann mit Beginn des Krieges. Als Soldat stellt sich eine andere Betrachtung der Dinge ein. Die Beeinflussung durch permanente Filterung lässt nach, und durch persönliche Erfahrungen und Erlebnisse sieht man vieles nicht mehr durch die rosarote Brille. Wenn man Kameraden an der Front sterben sieht, fragt man sich schon, muss das sein? Die Polen, Russen und Engländer haben mir persönlich ja kein Leid zugefügt. Als Landser sind unsere so genannten Feinde auch nur Opfer ihrer Obrigkeit.

Ich möchte in meinen Erinnerungen keine Beurteilung anstellen, wer für was verantwortlich war. Nur eines wünsche ich mir und den Völkern, bitte keinen Krieg mehr! Er ist durch nichts zu rechtfertigen und löst auch keine Probleme, sondern schafft nur Neue.

Wünsche darf jeder haben und wenn diese Wünsche im Grunde alle Menschen dieser Welt haben müssten, dann kann man kaum oder besser, überhaupt nicht begreifen, warum in weiten Teilen dieser Welt kriegerische Auseinandersetzungen an der Tagesordnung sind.

Warum ist dies so? Eine gute Frage mit hundert Antworten. Woher stammen die Kriegsgeräte, die legal, meistens illegal im Handel sind? Warum ist die Weltgemeinschaft nicht in der Lage, die Herstellung und den Verkauf von mörderischen Waffen zu ächten? Verdienen Rüstungsfirmen am Tod und Elend vieler armer Menschen, ohne Gewissensbisse zu bekommen?

Vertrauen unter den Völkern kann man viel humaner erreichen als mit Bomben und Invasionen. Nur, um dies zu erreichen, müssten die großen Nationen mit gutem Beispiel voran gehen.

Leider sieht die Situation ganz anders aus. Fairer Handel, Teilnahme aller Länder an den Rohstoffvorkommen, Unterstützung von Not leidenden Völkern im Rahmen der Vereinigten Nationen. Es gäbe viel zu tun, wer von den Großen dieser Welt macht den Anfang?

Aber nicht nur Machtgelüste einzelner Staaten führen immer wieder zu brenzligen Vorkommnissen, genau so viel Sprengstoff liegt im Zwist der Religionen.

Mit fanatischen, aufgehetzten so genannten Gläubigen, wird es nie zu einem Konsens der verschiedenen Religionen und Glaubens-richtungen kommen. Jeder hat seinen speziellen Gott, der allein selig machend sein soll. Vielleicht gibt es tatsächlich nur einen Gott. Man stelle sich das vor! Dieser Gott schaue auf die Erde, sieht wie gläubige Menschen sich gegenseitig die Köpfe einschlagen, statt zusammen für eine bessere Welt einzutreten, dann müsste er mit seiner Allmacht zur Einsicht und Vernunft aufrufen.

Liebe Deinen Nächsten – ganz einfach – und scheinbar nicht möglich. Wie dumm sind wir Erdenbürger, wir sind nur begrenzte Zeit auf dieser Welt und machen uns das Leben unnötig schwer.

Ich war und bin es auch noch heute, ein sozial eingestellter Erdenbürger. Ich engagiere mich für die Allgemeinheit. Ob im Beruf, über die Mitarbeit in den Gewerkschaften, ob über den Sport mit seinen ehrenamtlichen Funktionen oder über Parteien, um für die Mitbürger die Lebensqualität zu erhalten bzw. zu stärken. Überall kann man sozial tätig werden.

Ich habe meine ersten Funktionen in der Sportorganisation gehabt. Als aktiver Sportler und Funktionär bin ich bekannt geworden. Dies hatte zur Folge, dass ganz automatisch die Sinne geschärft werden für Aufgaben des geordneten Miteinanders.

Im Berufsleben wurde ich mit der Arbeit der Gewerkschaften vertraut gemacht. Als Betriebsratsmitglied konnte ich für meine Arbeitskollegen berechtigte Anliegen aufgreifen und in vielen Fällen einer Lösung zuführen. Das heißt aber noch lange nicht, dass ich mit der Gewerkschaftsarbeit damals und auch heute aktuell konform gehe. Da gibt es einiges zu beanstanden. Meine Erfahrung sagt mir, dass ich durch eine gute Zusammenarbeit mit der Betriebsführung für meine Kollegen mehr erreichen konnte, als dies ein außerbetrieblicher Gewerkschaftsfunktionär bewirken kann.

Durch meinen Umzug von Bad Salzdetfurth nach Barienrode und meine Tätigkeiten im Sportverein wurde ich von verschiedenen Seiten angesprochen, ob ich bereit wäre, in der Gemeindepolitik mitzuwirken.

Da mich dies auch sehr interessierte, ließ ich mich auf die Einheitsliste setzen. Die Wahl war für mich nicht sehr ermutigend. Ich kam jedenfalls im ersten Anlauf nicht in den Gemeinderat. In der hohen Zeit der SPD mit Willy Brandt und Helmut Schmidt wurde ich Mitglied der Partei. Ich gründete mit einigen Freunden den SPD-Ortsverein Barienrode und wurde zum ersten Vorsitzenden gewählt.

Bei der nächsten Wahl 1972 stellten wir eine separate Wahlliste auf, so konnten wir mit vier Kandidaten in den Gemeinderat einziehen. Wir hatten damit zwar keine Mehrheit im Rat, aber wir flößten durch konsequente Arbeit unseren Ratsmitgliedern gehörig Respekt ein.

Ich wurde Fraktionsvorsitzender und Beigeordneter im Verwaltungsausschuss. Meine SPD-Freunde, Heinz Scheibe, Jürgen Weithe und Seppl Meier ergänzten unsere Fraktion. Das waren damals noch Zeiten – jede Ratssitzung vor ausverkauftem Haus. Wir hatten uns zum Ziel gesetzt, jede Sitzung mit einem vorbereiteten Programm in Angriff zu nehmen. Wir waren mächtig stolz auf die erreichten Beschlüsse, die wir für unsere Bürger durchsetzen konnten. Wie sagt man so schön, alles reale Gemeinschaftspolitik und keine Spinnereien.

1973 im Rahmen der Gemeindereform kam unsere Gemeinde zu der Einheitsgemeinde Diekholzen. Unsere letzte große Tat im alten Gemeinderat war der Beschluss der .Angliederung an Diekholzen. Damit hatten wir einen schon gefassten Beschluss der CDU umgestoßen, die sich für den Anschluss an Hildesheim hatten.

In den Interimsrat der neuen Gemeinde kamen aus Barienrode Heinz Scheibe und ich. Diese Ratsplätze konnten wir bei allen Wahlen behaupten. Ich war die meisten Perioden Fraktionsvorsitzender und Mitglied des Verwaltungsausschusses.

Wir konnten im Gemeinderat die Interessen unseres Ortsteils Barienrode gut vertreten und einige wichtige Investitionen mit beeinflussen: so den Bau des Clubhauses mit dem intrigierten Kindergarten, Erweiterung der Gymnastikhalle, Dorfgemeinschaftsraum, Baugebiete. Damit haben wir gezeigt, dass selbst unter Beachtung der Gesamtfinanzen eine Gemeinde in der Lage ist, die Lebens- und Wohnqualität durch wohlüberlegte Planung zu erhalten und zu verbessern.

Nach Differenzen mit dem Ortsverein der SPD, erklärten Heinz Scheibe und ich unseren Austritt aus der Partei und wir verzichteten auf eine erneute Kandidatur für den Gemeinderat.

Wer kennt noch die Bezeichnung „Vierer- Bande"? Das Original kommt aus China. Aber weil das mit der Vierer-Bande so gut für unsere Zwecke passte, haben wir uns diese Bezeichnung ausgeliehen.
Seit 1972 pflegen wir, die ehemaligen SPD-Ratsmitglieder Heinz Scheibe, Jürgen Weithe, Seppl Meier und ich, eine lieb gewonnene Verbindung. Seit dieser Zeit treffen wir uns, mit unseren Ehefrauen und Lebensgefährtin, jedes Vierteljahr zu einem gemütlichen Abend. Da wir vier Partner sind, gehen wir im Jahr jeweils reihum. Die „Vierer Bande" aus Barienrode besteht also schon über 30 Jahre, und wir werden alles daran setzen, dass diese Verbindung noch lange erhalten bleibt.

Nur der Vollständigkeit halber sei noch erwähnt, dass ich einige Zeit Vorsitzender der Arbeiterwohlfahrt war. Mein Handicap war in dieser Funktion, dass die gleichen Leute in der SPD und in der AWO waren und damit überreichlich terminliche Überschneidungen nicht zu vermeiden waren.

Es kann auch sein, dass einige Leute bewusst solche Überschneidungen provoziert hatten. Politik ist eben ein schmutziges Geschäft. Als AWO-Vorsitzender war ich auch im Vorstand der Sozialstation Bad Salzdetfurth – Diekholzen. Nun ist es aber genug – Schluss mit der Politik! Wenden wir uns einem weiteren Bereich meines Lebens zu, meiner Familie.

Was aus zwei Menschen alles werden kann

Eigentlich hätte meine Familie an den Anfang dieser Erinnerungen gehört. Aber ich dachte mir, wer bisher diese Zeilen gelesen hat, soll noch ein großes Finish erleben. Mal sehen, ob dies gelingt.

Wie ich schon anfangs geschrieben hatte, bahnte sich ein zuerst zartes Pflänzchen zwischen Margret Thomaszewski und mir an. Sylvester 1945/1946 feierten wir äußerst geheim die Verlobung. Deshalb geheim, weil wir das den Eltern erst am Neujahrstag zur Kenntnis brachten.

Im Februar 1946 zog ich dann von Salzderhelden nach Bad Salzdetfurth in die Wohnung meiner zukünftigen Schwiegereltern. Ich hatte dort ein kleines Zimmer – Bett, Schrank und ein Stuhl waren die ganze Einrichtung. Neben meinen Schwiegereltern wohnte noch Margrets Schwester, Inge und ihr Mann in diesem Haus. Also alle auf engstem Raum. Aber dieser Zustand war zur damaligen Zeit ganz normal.

Ich nahm am 1. Februar 1946 meine Arbeit im Kaliwerk Salzdetfurth AG als Zimmermann auf, aber darüber habe ich ja schon im Kapitel meiner beruflichen Laufbahn geschrieben. Margret fuhr noch bis Ostern nach Hildesheim und arbeitete in der Sedanstr. als Putzmacherin (Modistin). Ihre ausgesprochen hervorragende Fertigkeit bei der Herstellung und Umarbeitung von Hüten brachte uns dazu, für die Aufbesserung unserer Haushaltskasse in Heimarbeit für private Auftraggeber zu arbeiten. Heute würde man diese Erwerbstätigkeit als Schwarzarbeit bezeichnen. Damals ging es um das Überleben oder besser ausgedrückt, um ein vernünftiges Leben. Ich war an dieser Heimarbeit insoweit beteiligt, dass ich die für das Dämpfen und Formen der Hüte notwendigen Holzmodelle anfertigte.

Margret und ich – Hochzeit am 20. April 1946

Wir hatten uns, also Margret und ich, darauf festgelegt, dass wir in absehbarer Zeit heiraten wollten, damit wir auch den lieben Nachbarn keinen Gesprächsstoff geben. Ein Kerl im Haus, unter einem Dach, da war die gute Sitte beleidigt. Wir hatten es ja auch gar nicht nötig, mit unserem gegenseitigen Verständnis hinter dem Berg zu halten.

Aber Heiraten war nicht so einfach. Margret war zum angepeilten Termin, Ostern 1946, noch keine 21 Jahre alt und bedurfte der Zustimmung ihrer Eltern. Das war recht unkompliziert, denn meine Schwiegereltern in Spe waren ja einverstanden.

Ich hatte da ganz andere Schwierigkeiten. Da musste damals, wie auch heute noch, eine Geburtsurkunde beigebracht werden. Ich kam ja nun aus einem unter polnischer Verwaltung stehendem Gebiet, nämlich aus Breslau, liegend in Niederschlesien. Eine Geburtsurkunde von dort zu bekommen war eigentlich unmöglich. Ich hatte nur ein Problem mit dem Salzdetfurther Standesbeamten. Er könne ohne den Nachweis, dass ich geboren war, keine Trauung vornehmen. Die Rettung kam durch den damaligen Bürgermeister. Er hörte sich die Geschichte an und entschied: „Die beiden werden getraut!" Wenn ich mir das recht überlege und die heutigen Kommunal-verantwortlichen richtig einschätze, wir würden heute nicht heiraten können.

Es war sicher damals keine bessere Zeit, aber sie war eben anders. Da gab es Verantwortliche, die nach dem gesunden Menschenverstand urteilten und für ihre Entscheidung auch den Rücken hinhielten.

Nachdem die standesamtliche Hürde genommen war, hatten wir den Termin der kirchlichen Trauung auf den Ostermontag, dem 24. April 1946, festgelegt. Die standesamtliche Trauung fand dadurch am Gründonnerstag, dem 20. April 1946, also am letzten Arbeitstag vor dem Osterfest statt. Der 20. April als Datum war ja etwas stark vorbelastet. Die Zeit, als dieses Datum noch gefeiert wurde, war ja gerade vorbei, und ich kann die höhnischen Kommentare nicht alle aufzählen, die bei der Nennung unseres Hochzeitstermins abgegeben wurden.

Ich weiß es bis heute nicht mehr in allen Einzelheiten, wie es gelang, eine Hochzeit in dieser Nachkriegszeit geziemt auszurichten. Ein ordentliches Essen auf den Tisch zu bringen, war sicherlich nicht einfach, aber meine Schwiegereltern hatten ja ein Schwein im Stall und einen großen Garten. Da waren meine Bekleidungsprobleme schon ernsterer Natur. Die Wehrmacht hatte mich mit einer Garnitur Unterwäsche, Uniform und klobigen Schuhen entlassen. Bekleidung ohne entsprechende Bezugscheine zu kaufen, war auch nicht möglich.

Wenn ich mich recht erinnere, hatte ich aus der Nachbarschaft viel Hilfe bekommen, und wenn ich mir heute mein Hochzeitsfoto betrachte, dann sah ich ja halbwegs vernünftig aus. Wenn nur die Schuhe ein bis zwei Nummern größer gewesen wären, dann wäre die ca. zweistündige Trauungszeremonie leichter zu überstehen gewesen. Es war eine Tortur.

Dabei hatten wir noch Glück, denn mein Schwager Günther, der damals in der Landwirtschaft arbeitete, fuhr uns mit einer tollen Pferdekutsche von unserer Wohnung zur St. Georgskirche. Das waren immerhin rund drei Kilometer Entfernung. Das hätte ich mit meinen zu kleinen Schuhen nie geschafft.

Bedingt durch Nachwirkungen des Flüchtlingschaos, hatte ich zu meiner Familie keinen Kontakt. Den Aufenthaltsort meiner Mutter kannte ich noch nicht. Über das Deutsche Rote Kreuz erhielt ich die Anschrift von meinem Bruder Artur. Als einziger Vertreter der Familie Görtz nahm er an meiner Hochzeit teil.

Da die Schwester meiner Frau mit ihrem Mann nach Dresden umgezogen war – Walter stammt von dort – wurden die Raumverhältnisse im Hause erheblich besser. Wir bekamen im Obergeschoss ein großes Zimmer, welches wir als Schlafraum nutzten und das kleine Zimmer, wo ich bisher mein Haupt zur Ruhe bettete, bauten wir im Laufe der Zeit zur Kleinküche um. Die erste Zeit unserer Ehe pflegten wir noch die Küchengemeinschaft mit den Eltern. Kleinere Differenzen, die bei jedem Zusammenleben auftreten, bestärkten uns in dem Wunsch, ein eigenes Leben zu führen.

Unsere Nachbarn zur rechten Seite, mit denen wir ein gutes freundschaftliches Verhältnis hatten, unterstützten uns bei unserem Vorhaben. So sammelten wir viele Gebrauchsutensilien zusammen, und im Sommer 1946 war es dann so weit – wir versorgten uns nun selbst.

Ehrlicherweise profitierten wir natürlich von den Vorräten der Eltern, die durch den großen Garten, zu gepachteten Ackerflächen und durch Tierhaltung zumindest so viel zur Verfügung hatten, dass wir auch für uns etwas abzweigen konnten.

Meine Margret war schwanger, und wir freuten uns auf unser erstes Kind. Es sollte um die Weihnachtszeit geboren werden. Kritische Leser werden nun anfangen, Zeitrechnungen anzustellen. Ja, es war recht knapp mit den neun Monaten, aber wir waren verlobt und dann durfte man schon mal probieren.

Die Geburt unseres ersten Kindes, einem kräftigen Jungen, dem wir den Namen Berndt gaben – in Anlehnung an den Sohn meines Bruders Artur, der ebenfalls auf den Namen Bernd hörte– gestaltete sich sehr aufregend.

Am 21. Dezember 1946 sind wir wie gewohnt aufgestanden, denn ich hatte Frühschicht. Margret bereitete mein Frühstück und die Brote für die Arbeit. In der Küche stand ein massiver Holz-Kohleherd mit einer verkachelten Grude. Um diese Zeit war dieser Herd schon angeheizt, denn er diente auch als Raumheizung. Margret klagte über Kreuzschmerzen und suchte mit dem Rücken zu den Kacheln Linderung durch die Wärme. Wir beide hatten ja keine Ahnung, dass dies eventuell schon auf die bevorstehende Geburt hinweisen sollte.

Ich machte mich auf den Weg zum Schacht I und fuhr wie gewohnt mit dem Förderkorb auf die Sohle 774 Meter zu meiner Arbeitsstelle ein. Gegen 10:00 Uhr wurde ich benachrichtigt, dass ich schnellstens nach Hause kommen sollte. Ich wurde bereits informiert, dass es Probleme mit der Hebamme gäbe.

Und so war es dann auch. Unsere Hebamme, Frau Meta Lindenberg, war nach Hildesheim gefahren und wurde nicht vor dem frühen Nachmittag zurückerwartet. Zwei Ärzte rief ich telefonisch an und bat um Beistand. Beide sicherten mir zu, dass sie nach Beendigung ihrer Sprechstunden vorbei schauen würden. Frau Lindenberg hatte noch hinterlassen, dass ihre Vertretung die Hebamme aus Bodenburg sei und im Notfall einspringen würde. Da sie nicht ans Telefon zu bekommen war, schwang ich mich aufs Fahrrad und fuhr nach Bodenburg.

Zu meinem Glück, aber auch Ernüchterung, traf ich die Bodenburger Hebamme zu Hause an. Leider müsse sie mir sagen, dass der Amtsarzt ihr untersagt hätte, die Tätigkeit als Hebamme auszuüben, da sie an Grippe erkrankt sei. Nach Schilderung meiner Situation erklärte sie sich bereit zu kommen, sobald ihr Sohn mit dem Auto zurück sei.

Ich fuhr also unverrichteter Dinge wieder nach Bad Salzdetfurth zurück und war nun doch recht unruhig. Vor der Wohnung angekommen, beglückwünschten mich schon Nachbarn, die am Milchwagen standen (dieser fuhr täglich mit frischer Milch durch den Ort), zur Geburt eines Jungen. Was hatte sich in meiner Abwesenheit zugetragen?

Margret brachte ihr erstes Kind vollkommen allein gelassen zur Welt. Ihre Mutter verlor total die Übersicht und hielt sich in den entscheidenden Momenten nicht im Hause auf. Margret machte wohl, obwohl sie mit der Geburt keine Ahnung hatte, alles richtig. Nachdem meine Frau den wohl schwersten Teil der Hausgeburt überstanden hatte, fanden sich nacheinander alle Hilfskräfte ein, die bei der Geburt so dringend gebraucht wurden.
Erst kam Dr. Rosenbaum, er trennte die Nabelschnur, die Hebamme aus Bodenburg erledigte die Erstversorgung des neuen Erdenbürgers, Dr. Loos schaute nach seiner Sprechstunde ebenfalls vorbei und zu guter Letzt erschien auch die zuständige Hebamme, Frau Lindenberg. Nun war das Zimmer voll, und alle waren glücklich, dass Mutter und Kind die Strapazen so gut überstanden hatten. Übrigens war es gar nicht so einfach zu erklären, warum wir zwei große Körbe mit Bucheckern im Zimmer stehen hatten. Wir waren im nahen Wald Eckern sammeln, um diese nachher für Butter eintauschen zu können. Es war ja bald Weihnachten.

Ich glaube, es ist in der Natur alles sehr gut eingerichtet, Frauen ertragen die Belastungen beim „Kinderkriegen" entschieden besser als wir Männer. Wenn ich vor der gleichen Aufgabe gestanden hätte, ich glaube, dass hätte ich nie und nimmer geschafft „Hochachtung allen Müttern!"

Nach 13 Monaten kam Hans-Dieter als zweites Kind zur Welt. Es lief alles nach Plan, bei der Geburt war nichts mehr Außergewöhnlich. Aus heutiger Sicht würden viele junge Mütter vor Angst vergehen, wenn man ihnen eine Hausgeburt vorschlagen würde. Damals war die Hausgeburt das Normale. Bei Dieter erlebte ich nun zum ersten Mal die Geburt eines Kindes.
Auf der einen Seite war mir schon recht mulmig, wenn der Wehenschmerz einsetzt. Nicht bei mir, aber man fühlt doch mit und möchte so gern helfen, doch außer dem Dabei sein und Händchen halten, gibt es für die Väter kaum Betätigungsmöglichkeiten. Welch ein Glücksgefühl, wenn das Kind dann da ist, der erste Schrei ertönt, feststellt, ob ein Junge oder ein Mädchen die Familie vergrößert und auch die Mutter von den Geburtsschmerzen befreit ist.

Mit der in vielen Geburten erprobten Hebamme, Frau Lindenberg, hatten wir einen Glücksgriff getan. Diese wunderbare Ruhe, die diese Frau ausstrahlte, übertrug sich auch auf meine Frau. Man hatte das schöne Gefühl der Geborgenheit. Ich persönlich meinte, Ungeheures geleistet zu haben. In Wirklichkeit war ich nur Handlanger. Ich durfte der Hebamme dies und jenes reichen oder wegräumen. Dieser Ablauf sollte sich bei den weiteren Geburten, die alle als Hausgeburten abliefen, normal wiederholen.

Nun, unser letztes Kind Frank, wurde im Städt. Krankenhaus Hildesheim geboren. Nach den zwei Jungen gab es Familienzuwachs mit sechs Mädchen. Brigitte, Renate, Ursula, Hannelore, Rosemarie und Martina kamen in den Jahren 1949 bis 1959 zur Welt, ehe Frank dann den Abschluss bildete.

Berndt war unser Ältester. Er hatte den Vorzug oder auch Nachteil – so genau weiß man das nicht gleich – schon nach acht Schuljahren die Berufsausbildung als Zimmerer bei der Fa. Brunotte zu beginnen. Beim Leistungswettbewerb der Handwerksjugend wurde er Kammersieger. Um ein Fachhochschulstudium beginnen zu können, besuchte er neben seiner beruflichen Tätigkeit die Sonderausbildung zur Erlangung der Fachhochschulreife. Da er nicht zur Bundeswehr brauchte, begann er an der damaligen Akademie des Baugewerbes das Studium zum Dipl. Ing.

Nach Beendigung des Studiums konnte er wieder bei der Fa. Brunotte als Bauleiter anfangen. Nach mehreren Wechseln, in erster Linie als Außendienstmitarbeiter im Betonschalungssektor, wurde er im Raum Oldenburg sesshaft. In Kirchhatten baute er sich ein Wohnhaus, wobei sein Bruder Hans-Dieter die Holzkonstruktion erstellte. Die Ehe mit Liesbeth, aus der zwei Jungen hervorgingen, wurde geschieden. Neue Heirat mit Diana.

Einen ganz anderen Weg musste Hans-Dieter gehen. Dieter war dem Jahrgang angehörig, der nicht mehr acht Schuljahre, sondern neun Klassen absolvieren musste.

Es war klar, dass er lieber auch gleich die Lehre angefangen hätte. Da baute sich schon mal Frust auf. Bei uns war es üblich, dass nach der Konfirmation die Bettgehzeit von 20:00 Uhr auf 21:00 Uhr verschoben wurde. Nutznießer war Berndt, und der Leidtragende war Hans-Dieter.

Auch Dieter konnte ich bei der Fa. Brunotte als Zimmererlehrling unterbringen. Er wurde ebenfalls Kammersieger und belegte einen Kurs zur Erlangung der Fachhochschulreife. Da Dieter im Grunde der bessere handwerkliche Fachmann war, ging er an die Meisterschule des Zimmerer-Handwerks nach Biberach. Nach Ablegung der Meisterprüfung fand er Beschäftigung in einer Zimmerei in Königsfeld / Rheinland. Die Tochter des Betriebsinhabers war zu haben und so heirateten die Beiden. Sie bauten sich ein schmuckes Fachwerkhäuschen und vergrößerten ihre Familie durch Caroline. Da die Firma geschlossen wurde, fand Dieter Beschäftigung im Bauamt der Stadt Bad Breisig und leitet dort die EDV-Abteilung.

Meine älteste Tochter Brigitte lernte in Hildesheim bei der Firma Frido Stolte im Wolfstieg in einem Lebensmittel-Fachgeschäft den Beruf als Einzelhandelskauffrau. Nach der Lehre heuerte sie in einem Restaurant auf Helgoland als Bedienung an. Helgoland war auch Stützpunkt der Marine. So lernte Brigitte den Matrosen Peter kennen und lieben. Folgerichtig wurden die beiden ein Paar.

Die Hochzeit fand in Barienrode statt und war recht aufregend. Barienrode gehörte zum Standesamt Ochtersum, und der Bürgermeister Ihme war auch gleichzeitig Standesbeamter. In seinem Einfamilienwohnhaus hatte er sein Büro, d. h. dort stand ein Schreibtisch, voll gepackt mit unerledigten Akten, das Standesamtsbuch nahm den letzten freien Platz ein.

Nun dürfte man ja erwarten, dass dem Anlass entsprechend, der Bürgermeister akkurat gekleidet gewesen wäre. Weit gefehlt, die Ärmel seines ehemals weißen Hemdes waren hochgekrempelt, an den Füßen Filzpantoffeln und an der Weste fehlten diverse Knöpfe. Die absolute Spitze war aber, dass Herr Ihme ein lose sitzendes Gebiss hatte und beim Sprechen erhebliche Nebengeräusche produzierte. Peter und Brigitte fingen an zu kichern, wobei ich den Eindruck hatte, dass der Bürgermeister gar nicht erkannte, dass er der Anlass der Freude war.

Wenn man dann weiß, dass Peters Vater ein exakt gekleideter Herr war, dann kann man verstehen, dass er der Situation nicht viel Positives abgewinnen konnte.

Peter und Brigitte zogen nach Osnabrück. Brigitte arbeitete in einem Kiosk und diesen konnten sie dann einschließlich des angebauten Wohnhauses übernehmen. Mario, als ältester Sohn, ist ein gefragter Programmierer. Tanja vertreibt Hilfsmittel in der Altenpflege und Nico, der kleine Nachzügler, studiert in Kombination mit einer Lehre als Programmierer.

Renate, war noch gar nicht auf der Welt, da hat sie schon meine Kondition geprüft. Wir wohnten damals auf Schacht III in Bad Salzdetfurth, weit oberhalb der Ortslage. Meine Frau hatte die ersten Wehen, und das war das Signal für einen ca. 30 Minuten dauernden Fußweg, um die Hebamme zu holen. Der Bergaufstieg, gemeinsam mit Frau Lindenberg, mitten in der Nacht, machte uns ganz schön atemlos.

Die Hebamme untersuchte meine Frau, mit dem Ergebnis: „Das wird wohl noch eine Weile dauern, ich glaube, ich kann wieder nach Hause gehen." Gesagt und getan, ich begleitete Frau Lindenberg wieder in die Horststraße und stiefelte allein zurück in unsere Wohnung.

Auch Hebammen können sich irren. Kaum war ich wieder bei meiner Frau, da eröffnete sie mir, dass es nun an der Zeit sei, die Hebamme wieder zu holen. Also wieder einen Nachtmarsch hinunter und zusammen mit der Hebamme den Berg hinauf. Meine Frau hatte diesmal Recht, um 5:00 Uhr kam Renate zur Welt.

Nach der Schulzeit Lehre bei der Firma Pfeffer, das führende Fachgeschäft für Bürobedarf und Papierartikel. Renate wechselte nach der Lehre als

Kontoristin zu der Firma Gebrüder Butterbrodt. Sie ging dann nach einer Tätigkeit beim Postscheckamt Hannover nach Berlin.

Dort ist sie dann sesshaft geworden. Bernd Roters war der Auserwählte, der aus der Niedersächsin eine Berlinerin machte. Die Familie vergrößerte sich um die zwei Söhne Brian und Denis. Brian studierte Jura, heiratete Dörte, ebenfalls auf dem Rechtsgebiet ausgebildet. Die Beiden machten mich mit Lilly zum zweiten Mal zum Uropa. Denis ist hauptberuflich im Computerbereich tätig, eifriges Mitglied einer Band und leidenschaftlicher Anhänger von Tennis - Borussia - Berlin.

Ein sehr artiges Kind war Ursula. Wir wohnten damals in einem Haus an der Elsa-Brandström-Straße und die Küche / Wohnzimmer war auch Arbeitsraum meiner Frau. Um unsere Finanzen aufzubessern, nähte sie Blusen für die Fa. Rothkirch. Teilweise gab es für eine ärmellose Bluse ganze 0,50 DM als Lohn. Nicht viel, aber immerhin ein willkommenes Zusatzeinkommen.

Ursulas Bettchen stand in der Küche und sie schaute gespannt auf das Wirken ihrer Mutter. Ob Ursula die Zufriedenheit auch in späteren Jahren übernommen hat, kann ich nicht beurteilen. Nach einer Lehre als Zahnarzthelferin in Hildesheim, suchte sie in Karlsruhe in gleicher Position die selbständige Lebensweise. Eine Anstellung bei der DAK eröffnete ihr gute Berufsaussichten.

Hochzeit, zwei Mädchen, Umzug nach Berlin, Scheidung, waren weitere Stationen ihres Lebens. Ihre älteste Tochter Jenny machte mich mit dem Sohn Florian zum Uropa. Sandy, die jüngere Tochter, studierte wie ihre Schwester in Berlin. Ursula ist nun seit einigen Jahren Sekretärin bei einem Berliner Bezirksbürgermeister.

Unser Blumenmädchen, Hannelore möchte ich so bezeichnen, da sie in Hildesheim die Lehre als Floristin absolvierte. Nach der Lehrzeit startete sie einen kurzfristigen Versuch, genau wie ihre Schwestern, in Berlin ihren Beruf auszuüben. Hätte auch alles gut geklappt, wenn nicht das riesengroße Heimweh eine Heimkehr nach Hildesheim zwingend verlangt hätte.

Durch Vermittlung eines Turnfunktionärs erlangte sie einen Ausbildungsplatz an der Deutschen Turnschule in Frankfurt. Nach zwei Jahren kam sie als geprüfte Turn—und Gymnastiklehrerin nach Barienrode zurück. Ja, und dann funkte es auch mit Friedel Funke. Hochzeit, Ausbau des elterlichen Hauses in Barnten, Svenja und Ramona sowie Michael erweiterten die Familie.

Hannelore stürzte sich ganz ins Vereinsleben. Übungsleiterin für Leistungsturnen, Seniorengymnastik und Sportabzeichenobmann sorgen für volle Auslastung.

Svenja konnte ihren Lieblingswunsch erfüllen und

arbeitet als Erzieherin in Barienrode und Hildesheim.

Ramona hat neben der Schule eine Gesangsausbildung begonnen, übrigens mit beachtlichem Erfolg. Wie ihre Schwester Svenja absolviert sie eine Ausbildung als Erzieherin und möchte für das Lehramt studieren.

Michael hat sich ganz dem Schwimmsport verschrieben. Ein Start bei den Deutschen Jugendmeisterschaften in Leipzig war sein sportlicher Höhepunkt. Nach einem Berufsbildungsjahr möchte er seinem Opa nacheifern und lernt den Beruf des Zimmerers.

Wenn jemand Rosemarie nach ihrem Namen fragte, dann kam wie aus der Pistole geschossen „Romy Schneider / Görtz". Über Umwege heißt sie jetzt auch Schneider, durch Heirat mit Tilman Schneider.

Romy lernte in der Ostertor-Apotheke Apotheken-Helferin und nach der Lehre war sie in der Rats-Apotheke beschäftigt. Heirat in Hamburg mit Wolfgang. Dort wurde Maike geboren. Seine Fahrschule lief nicht so zufrieden stellend, deshalb Umzug nach Berlin und Scheidung. In der Zwischenzeit wurde Jan geboren. Maike studiert Chemie und Jan besucht das Gymnasium mit anschließendem Studium.

Romy fand in ihrem erlernten Beruf in einer Apotheke auf dem Kurfürstendamm ihren Broterwerb. Neuheirat mit Tilman, von Beruf Steuerfachgehilfe. Gemeinsame Tochter Anne-Kathrin, mein 20. Enkelkind.

Martina lernte, genau wie Renate, bei der Firma Pfeffer als Einzelhandelskauffrau im Papier- und Bürobedarf. Neben einigen anderen Stationen und durch Heirat mit Dieter Koenig, stand dann die Familie im Vordergrund. Sabrina, heute PTA in der Himmelsthürer Paracelsius - Apotheke, und Nadine, die ihr Abitur in Hildesheim ablegte und nun Sozialwissenschaft studiert, sind als Kinder dieser Ehe hervorgegangen.

Martina trennte sich von Dieter und nahm die Geschicke ihrer Restfamilie erfolgreich selbst in die Hand. Beruflich musste Martina, die zuletzt beim Nachfolger der Fa. Pfeffer als Verkaufsleiterin in Hildesheim und Hannover tätig war, durch Zusammenlegung der Filialen ihre Stellung abgeben. Über das Arbeitsamt wurde sie nun als Steuerfachgehilfin umgeschult. Die Bilanzbuchhalter-Prüfung schaffte sie in Abendkursen bei der IHK Hannover.

Das Nesthäkchen Frank, unser einziges Kind, welches nicht zu Hause geboren wurde – nach sechs Mädchen nun ein Junge. Nachdem die Hebamme im Städt. Krankenhaus meiner Frau verkündet hatte, dass die Neugeburt ein Junge wäre, war das Erstaunen groß. Zur Sicherheit ließ sie sich das Baby zeigen. Erst dann wollte sie die Überraschung wahrhaben.

Meine Mutter nahm sich des Jungen an und schleppte ihn mehr durch die Gegend, als er eigentlich wollte. Zum Bedauern wurde Frank ja größer und flitzte seiner Betreuerin des Öfteren weg. Meine Mutter konnte so schnell nicht hinterher laufen.

Frank besuchte nach der Grundschule die Renata-Realschule, und nach der Schulzeit wurde er bei den Stadtwerken Hildesheim zum Großhandelskaufmann ausgebildet. Mit 8 Jahren nahmen ihn Hans Sträter und Eckhard Weidel in ihre Fittiche. Mit der Schüler-Mannschaft von Eintracht Hildesheim wurde er mehrmals Landesmeister im Kunstturnen. Als A-Jugendlicher konnte er zweimal hintereinander den Landesmeistertitel im Leichtathletischen Fünfkampf erringen. Auch der vierte Platz bei der Deutschen Meisterschaft konnte sich sehen lassen. Aus der Ehe mit Silke gingen zwei Mädchen hervor. Marie und Isabell sind der ganze Stolz ihrer Eltern und besuchen das Gymnasium.

Ich bin oft gefragt worden, warum man sich das antut, so eine große Familie zu haben. Ehrlich gesagt, ich weiß es auch nicht. Nur eines weiß ich, wir hätten auf keines unserer Kinder verzichten wollen. Sicher hätten wir ein einfacheres Leben führen können, wir hätten Urlaubsreisen und viele materielle Dinge uns leisten können. Wir wären nie auf den Gedanken gekommen, darüber zu klagen.

Uns ging es einzig darum, unseren Kindern all das zu bieten, damit sie nicht das Gefühl hatten, gegenüber anderen Kindern benachteiligt zu sein. Über Kindergeld wurde viel diskutiert, nur es gab keins. All das war aber nur zu schaffen, wenn wir mit vollem Einsatz dahinter standen.

Meine Frau hatte sicher den arbeitsreicheren Teil der Aufgaben zu erledigen. Bei mir lag der Schwerpunkt in meiner beruflichen Tätigkeit, um den finanziellen Rahmen solch einer Großfamilie abzudecken. Wenn wir beide, Margret und ich, nachdem unsere Kinder fast alle aus dem Hause waren, zusammen saßen und über die Vergangenheit sprachen, war es schwer zu glauben, dass wir das alles geschafft haben.

Bedingt durch die Vergrößerung der Familie ging auch ein stetiger Wohnungswechsel einher. Von der Bodenburger Straße zogen wir in eine Werkswohnung auf Schacht III. Räumlich eine wunderbare Verbesserung, nur Schacht III liegt oberhalb von Bad Salzdetfurth, Fußweg etwa 30 Minuten. Einen Fahrweg gab es nicht, war auch nicht nötig, ich hatte ja kein Auto. Für Lastenbewegungen betrieben die Kaliwerke einen Schrägaufzug, den wir nach Absprache mit dem Hausmeister für Schwertransporte benutzen konnten.

Es war auf Schacht III auch ein herrliches Wohnen, nur wehe man hat Salz oder andere wichtige Dinge vergessen einzukaufen, dann war Fußmarsch angesagt.

1952 baute die Kreissiedlungsgesellschaft mit Beteiligung der Kaliwerke Einfamilien-Doppelhäuser in der Elsa-Brandström-Straße, und wir waren bei den glücklichen Familien dabei, die dort einziehen konnten. Also wieder runter vom Berg und rein in die Neubauwohnung. Unsere Kinder Ursula, Hannelore, Rosemarie und Martina wurden dort geboren.

In dem Kapitel über meine beruflichen Tätigkeiten habe ich beschrieben, dass ich zwischenzeitlich beim Kaliwerk ausgeschieden war und zur Fa. Brunotte nach Hildesheim wechselte. Damit war verbunden, dass ich die Werkswohnung räumen musste.

Die Stadtverwaltung wies uns eine Notwohnung in der Schlesier-Str. zu. Da wir ja eine größere Familie waren, bekamen wir neben zwei Räumen im Erdgeschoß zusätzlich einen Raum im Obergeschoß zu gewiesen. Der Bauherr hatte aus welchen Gründen auch immer den Zugang zum Raum im Obergeschoss über einen Außenaufgang geplant. Das hatte zur Folge, dass meine beiden Söhne unten aus der Haustür mussten, um das Haus herum gehen und dann die Außentreppe hoch, um zu ihrem Zimmer zu gelangen. Im Grunde eigentlich eine unmögliche Lösung, aber es gab keine andere Möglichkeit.

Zu allem Unglück waren einige Mitbewohner der Notunterkunft nicht besonders angenehm. Krach und Gewalt bei Tag und Nacht machte diese Zeit für unsere Familie zum Martyrium und wir fieberten dem Tag entgegen, wo wir in den Neubau in Barienrode umziehen konnten.

Ich hatte in der Zwischenzeit Herrn Stockleben kennen gelernt. Herr Stockleben war in Hildesheim als Beratender Ingenieur für Wasser – Abwasser – Straßenbau planerisch tätig, und ich durfte in Heimarbeit Zeichnungen vervollständigen und mir und meiner Familie ein paar Mark hinzuverdienen.

Herr Stockleben machte mich eines Tages darauf aufmerksam, dass in Barienrode Bauplätze verkauft werden und darauf sollte ich ein Haus bauen. Einmal wusste ich nicht, wo Barienrode liegt und zum zweiten, zum Bauen benötigt man Geld, und das hatte ich absolut nicht. Anstandshalber fuhr ich mit Hans Stockleben nach Barienrode und suchte mir ein Grundstück aus. Hans Stockleben streckte mir den Kaufpreis des Grundstückes vor und durch seine Vermittlung wurde ein Finanzierungsplan erstellt. Und siehe da, es schien zu klappen. Erste und zweite Hypothek, Kinderreichen-Darlehn, Landesmittel und Vertriebenen-Darlehn ergaben bei viel Eigenhilfe die gewünschte Deckungssumme, und das Abenteuer Hausbau begann.

Es war gar nicht so einfach, meiner Frau den Ort Barienrode schmackhaft zu machen. Dazu muss man wissen, dass Barienrode 1960 ca. 100 Einwohner hatte, außer einer Kneipe und einem kleinen „Tante Bruns Laden" nichts Einladendes vorweisen konnte.

Beim ersten Besuch des Grundstückes fuhren wir uns mit einem VW-Bus gleich fest, denn die Eichstraße war ein besserer Feldweg. Ziemlich eindeutige Festlegung meiner Frau: „Du glaubst doch selbst nicht, das ich hier in dieses „Kaff" ziehe?". Nur die Alternativen waren auch nicht berauschend. In Bad Salzdetfurth, in dieser Notunterkunft, wollten wir nicht und konnten wir auch nicht bleiben, und ein Grundstück evtl. in Hildesheim war nicht finanzierbar. Also siegte die Einsicht und im Herbst 1960 wurde mit dem Bau begonnen. Die Fa. Müffelmann übernahm die Erd – Maurer – und Betonarbeiten und im Frühjahr 1961 wurde Richtfest gefeiert.

Unser Haus in Barienrode (ca. 1963)

Über die Qualität der abgelieferten Arbeit möchte ich mich lieber ausschweigen. Nur soviel, da stimmte kein rechter Winkel und manche Mauer war alles andere als lotrecht zu bezeichnen. Aber wir standen ja unter dem ungeheuren Zeitdruck, möglichst schnell die unmöglichen Wohnverhältnisse in der Notwohnung zu beenden. Während der Rohbau, Dachdeckung, Sanitär und Stromversorgung über Fachfirmen lief, waren alle anderen Leistungen des Innenausbaus als Eigenleistungen vorgesehen.

Mein Schwiegervater, meine beiden erwachsenen Söhne, meine Frau und ich machten uns nach meinem Feierabend, an Samstagen und selbst an Sonntagen daran, Wände mit Rigipsplatten, Isolierungen, Fußböden, Deckenverkleidungen zu bearbeiten.

Wir hatten uns zum Ziel gesetzt, im ausgebauten Dachgeschoss die Zimmer wohnlich herzurichten und zusätzlich die Küche und den Sanitärbereich nutzbar zu machen. In diese Baustelle zog ich mit meiner Familie im Juni 1961 ein.

Es war ein abenteuerliches Unterfangen, aber für uns mit vielen Vorteilen verbunden. Die Vorteile ergaben sich dadurch, dass ich nach der Arbeit gleich an Ort und Stelle war, somit fielen die Wege nach Salzdetfurth weg. Dadurch, dass wir auf einer Baustelle lebten, war das Bemühen, diesen Zustand baldigst zu ändern, also zu verbessern, riesengroß. Mit gemeinsamen Kräften kamen wir diesem Ziel bald näher. Das Wohnzimmer im Erdgeschoss war nun der Hauptarbeitsbereich. Margret und ich zogen die Deckenpaneele ein, und das Verlegen der Fußbodendielen kam als nächstes an die Reihe. Tapeten und sonstige Malerarbeiten ließen die Räume bald wohnlich aussehen und nachdem auch die Möblierung ergänzt wurde, konnten wir die Wohnräume in Benutzung nehmen.

Nun sollte man sich nicht täuschen, denn beim Hausbau wird man eigentlich nie fertig. Da war ja auch noch eine Menge Arbeit bei der Grundstücksgestaltung. Der ganze Aushub der Baugrube lag noch wie ein kleines Mittelgebirge hinter dem Hause. Mit Schaufel und Schubkarre verteilten wir das Erdreich auf der Gartenfläche.

Rettung kam wieder einmal durch Hans Stockleben. Er besuchte uns, um den Baufortschritt kennen zu lernen. Wir waren gerade dabei, gegen den Haufen Erdreich an zu kämpfen.

„Wie lange wollt ihr denn hier noch schuften? Ihr habt noch so viele andere Arbeiten zu erledigen, dass macht hier ein Planierbagger viel schneller und besser. Ich bestelle jetzt eine Planierraupe." Wir hatten absolut keine Einwände gegen diesen Vorschlag. Der Bagger benötigte knapp eine Stunde und alles war fein säuberlich eingeebnet.

Der Herbst nahte, und nach einem Großeinkauf pflanzten wir jede Menge Obstbäume. Die ersten Jahre konnten wir das Ausmaß der Bepflanzung noch nicht absehen, aber da alle Bäume das Bestreben haben, ihre Kronen auszuweiten, war fast eine vollständige Beschattung unseres Grundstückes erreicht.

Wir fühlten uns auf jeden Fall in unseren eigenen vier Wänden sehr wohl, und langsam hatten wir auch mit unseren Nachbarn ein freundschaftliches Verhältnis.

Die Kinder gingen hier in Barienrode bzw. Diekholzen zur Schule. Die Befürchtungen, dass wir als Großfamilie in die Nähe von Asozialen eingestuft würden, traten nicht ein. Wir waren bald in das dörfliche Leben des kleinen Ortes Barienrode eingebunden. Dazu trugen in erster Linie unsere Kinder bei.

Es ist ja überall der gleiche Vorgang, dass die Kinder sich ihre Spielkameraden und Freunde suchen, und die Eltern folgen diesem Beispiel. Mit unseren direkten Nachbarn, Familie Engler, hatten wir in den gut 40 Jahren nie ein Problem. Jörg Engler und Frank hatten ein ganz besonderes Ritual der Verständigung. Originalton, Frank rief nach Jörg: „Darf ich tomm?" Jörgs Antwort: „Ja, Du kannst tomm!"

Selbst der Versuch, gemeinsam eine Nacht in einem Zelt zu verbringen, wurde bis ins Detail geplant. Die Ausführung wurde aber nach Einbruch der Dunkelheit abgebrochen. Beide behaupteten, dass dies nicht aus Angst geschehen sei – man sei nur noch nicht müde.

Wir waren wohl damals die erste evangelische Familie, die ihre Kinder in die hiesige Grundschule schickte. Schulleiter Helmer und sein Kollegium waren bekannt als sehr gute, korrekte Lehrkräfte, und mit allen meinen Kindern gab es eigentlich überhaupt keine Schulprobleme.

Na, sagen wir mal besser, fast keine. Zur Karnevalszeit war es üblich, dass die Jungen versuchten, den Mädchen mit Ruten an die Beine zu schlagen. Dies kannten meine Kinder nicht und erzählten es ihrer Mutter. Margret ging den nächsten Morgen zum Schulleiter und beschwerte sich über diese Unsitte. Dazu muss man sagen, dass einige Jungen ganz schön zugelangt hatten. Zumindest war das an den Striemen zu erkennen, die am nächsten Tag noch gut sichtbar waren. Im nächsten Jahr wurde das „Beineschlagen" eingestellt.

Ein zweites Vorkommnis war das Verschwinden von Hannelore nach einem Schulausflug im Wald des Steinbergs. Auf dem Heimweg kamen Klassenkameradinnen bei uns vorbei und berichteten, dass Hannelore verschwunden sei.

Um die gleiche Zeit kam ich vom Betrieb zur Mittagspause und hörte von dem Vorfall. Ich bin sofort zur Schule gefahren und, man glaubt es kaum, Herr Helmer saß seelenruhig beim Mittagsessen. Ich glaube, ich muss ihn sehr heftig an seine Verantwortung erinnert haben. Jedenfalls sind wir gemeinsam zum Steinberg gefahren, um Hannelore zu suchen. Es gab einen glücklichen Ausgang, denn Hannelore hatte sich bis zur damaligen Fleischfabrik Röhrig durchgeschlagen und von dort wurden wir benachrichtigt. Seitdem hatte ich mit Herrn Helmer ein gutes, von gegenseitigem Respekt getragenes Verhältnis. Er hatte es mir wohl hoch angerechnet, dass ich dieses Vorkommnis nicht an die große Glocke gehängt hatte.

Die Kinder wurden älter, und wir bekamen als treu sorgende Eltern neue Aufgaben. Unsere Kinder, die ja alle „nur" Volksschulausbildung hatten, sollten eine gediegene Berufsausbildung erhalten.

Die beiden Jungen, Berndt und Hans-Dieter, konnte ich bei meiner Firma Brunotte als Zimmererlehrlinge, so hieß das damals noch, unterbringen.

Bei den Mädchen gab es Lehrverträge als Einzelhandelskauffrau in verschiedenen Sparten, wie Lebensmittel durch Brigitte, Renate und Martina lernten im Papier- und Bürobedarf, während Ursula als Zahnarzthelferin und Rosemarie als Apothekenhelferin ihre Lehrzeit absolvierten. Hannelore wählte den Beruf als Floristin. Frank, der als letztes Kind schon zur Realschule durfte, heuerte bei den Stadtwerken als Auszubildender zum Großhandelskaufmann an.

Auf dieser Grundlage hat dann jeder seinen Neigungen entsprechend, weiter aufgebaut. Wir als Eltern sahen es als unsere Pflicht an, die ersten Schritte im Berufsleben stützend zu begleiten, und wenn wir in den letzten Jahren die berufliche Entwicklung unserer Kinder Revue passieren lassen, so können wir insgesamt sehr zufrieden sein. Sicher darf man davon ausgehen, und da geht es unseren Kindern nicht anders als uns, dass man keinen Bock auf die Maloche hat. Aber da muss man durch! Rente gibt es erst mit 65 Jahren – bald erst mit 67 Jahren - zumindest nach der heutigen Gesetzeslage.

Nach dem heutigen Stand der Dinge hatten wir, oder nur noch ich, zwanzig Enkelkinder und zwei Urenkel.

Natürlich habe ich bei dieser Feststellung unterschlagen, dass meine Kinder eigene Familien gegründet haben und somit die legale Voraussetzung mitbrachten, unsere Familie zu vergrößern.

Als interessierter Ahnenforscher muss ich leider befürchten, dass der Name Görtz es sehr schwer haben dürfte, weiter vererbt zu werden. Von den zwanzig Enkelkindern sind leider nur noch zwei männliche Nachkommen, die den Namen Görtz tragen. Durch die neue Gesetzgebung wäre es durchaus noch möglich, durch Verwendung des Doppelnamens hier noch Verbesserungen zu erreichen. Wie sagt man so schön: „Es kimmt, wie es kimmt."

Über meinen Einsatz beim Sportclub Barienrode habe ich schon ausführlich berichtet und auch darüber, wie ich in die Kommunalpolitik einstieg und dort wirkte. In so einem kleinen Ort wie Barienrode war es mehr als Pflicht, Mitglied der Freiwilligen Feuerwehr zu werden. Zum aktiven Dienst konnte ich mich nicht entschließen, aber als förderndes Mitglied war ich gern gesehen. Man zahlt da einen angemessenen Jahresbeitrag und wird am Anfang eines jeden Jahres zur Generalversammlung eingeladen. Das ist eine sehr lustige Angelegenheit. Neben den obligatorischen Berichten und Wahlen, gibt es dort ein Feuerwehressen: Mett, Dosenwurst, Käse und jede Menge Bier und Schluck. Einige dorfbekannte Kameraden unterhielten die Anwesenden mit z.T. recht deftigen Witzen. Es machte einen riesigen Spaß, und dabei verging die Zeit wie im Fluge. Um es etwas genauer auszudrücken, es wurde meistens sehr spät bzw. sehr früh. Außerdem war der Heimweg sehr beschwerlich. Mal gut, dass diese Veranstaltung nur einmal im Jahr stattfand.

Musikliebhaber bzw. Spieler gründeten einen Musikverein. Auch dort war ich eine zeitlang Mitglied. Sicher einigermaßen erstaunlich, denn meine Künste, ein Musikinstrument zu bedienen, bewegten sich gegen null. Aber man muss ja örtliche Vereine tatkräftig unterstützen.

Freunde aus dem Sportverein gründeten einen Kegelclub. Margret und ich machten dort mit, und einmal im Monat ging es nach Diekholzen auf die Jörnsche Kegelbahn. Wir hatten dabei jede Menge Spaß. Von dem eingespielten Geld wurden in unregelmäßigen Abständen Kurzreisen unternommen. Durch die Kegelgruppe veranlasst, nahm man uns in den Kreis der Busreisenden auf.

Frau Gloris, die Chefin der Gastwirtschaft Jörns, arbeitete in Verbindung mit einem bekannten Busunternehmen Mehrtagesreisen auf privater Basis aus. Fahrten nach Belgien, Holland, an die Ostseeküste waren wunderschön, und die letzte große Fahrt, die ich noch gemeinsam mit Margret machen konnte, ging über Dänemark, Schweden, Finnland, nach St. Petersburg und zurück von Helsinki nach Travemünde. Ein überwältigendes Erleben. Margret hielt sich sehr tapfer, trotzdem man ihr anmerkte, dass es schon für sie sehr anstrengend war. Wir hatten uns bei den Ärzten „grünes Licht" geben lassen, und wenn ich jetzt, in Kenntnis der Dinge, urteile, dann war es unser letztes gemeinsames großes Erlebnis.

Uninformierte Leser werden den letzten Abschnitt nicht recht verstehen. Es war ja auch alles anders und schöner überlegt. Ich hatte mit meiner Berufstätigkeit im Alter von 62 Jahren aufgehört, mit der gemeinsamen Absicht, gesund und munter die Zukunft zu meistern.

... und reiten kann er auch nicht!

Margret und ich zu meinem 70. Geburtstag

Jetzt waren unsere Kinder versorgt und selbständig. Wir hatten unser vernünftiges Einkommen, und wir konnten uns also mal Sachen leisten, auf die wir bisher weitestgehend verzichten mussten bzw. verzichtet haben. Es sollte anders kommen, als wir es uns vorgestellt hatten.

Die Krankheit meiner lieben Frau fing auch ganz harmlos an. Schmerzen im Brustkorb, in den Beinen, Müdigkeit und viele unbekannte Anzeichen, die sonst bei meiner superaktiven Frau nicht auftraten, stellten sich ein. Die Hausärztin konnte die Beschwerden nicht richtig einordnen. Sie behandelte die Symptome, aber erkannte nicht die Ursachen.

Wir holten uns den Rat eines Orthopäden ein. Durch eingehende Untersuchungen und Gespräche wurde dann festgestellt, dass die Beschwerden durch eine Blutkrankheit verursacht wurden. Im Städtischen Krankenhaus wurde mit einer Chemotherapie begonnen, die es erforderlich machte, dass dieses alle Vierteljahre wiederholt werden müsse.

Einher ging die Tatsache, dass es nicht gelang, die auftretenden Schmerzen einzudämmen. In unserer Not, im Bemühen Erleichterung zu erreichen, kontaktierten wir Spezialisten, die sich für diese Art der Bluterkrankung Wissen angeeignet hatten. Manchmal hatten wir auch Hoffnung, dass die eingeleiteten Behandlungen positive Wirkungen zeigten. Nur der Durchbruch zum Hoffnungsvollen wollte sich auf Dauer nicht einstellen. Wir hatten in der Zwischenzeit den Hausarzt gewechselt, und Herr Dr. Claßen vermittelte uns eine Beratung beim Chefarzt der Onkologie des Bernward-Krankenhauses in Hildesheim.

Nach intensiven Untersuchungen mit zeitweiligen Krankenhausaufenthalten wurde dann abschließend festgestellt, dass es sich um eine zwar behandelbare, aber unheilbare Krankheit handelte. Ich, als Laie, konnte daraus nicht entsprechende Schlüsse ziehen. Ich war immer noch der Meinung, dass durch gezielte Behandlung der Krankheitsverlauf auf einer lebenswerten Stufe gehalten werden kann. Der tatsächliche Zustand meiner Frau ließ bei mir schon erhebliche Zweifel aufkommen.

Im Bernward-Krankenhaus wurde ein Radikalversuch gestartet, der die Krebszellen vernichten sollte. Er beinhaltete jedoch das Risiko, dass der geschwächte Körper diese Behandlung nicht verträgt. Nach zwei Tagen musste der Versuch beendet werden.

In einem Gespräch, an dem auch meine Tochter Renate teilnahm, wurde uns mitgeteilt, dass die ärztlichen Möglichkeiten erschöpft seien. Um für meine Frau das Leiden erträglicher zu machen, schlug man uns eine intensive Schmerzbehandlung vor. Ich wurde im Krankenhaus mit der Verabreichung von Morphiumspritzen vertraut gemacht, und meine Frau wurde damit zum häuslichen Pflegefall.

Es begann für mich ein schwerer, von Hilflosigkeit geprägter Lebensabschnitt. Wer dies nicht selbst erlebt hat, kann sich keine Vorstellungen machen, welche Last und Belastung eine solche schwere Krankheit für die pflegenden Angehörigen mit sich bringt. Selbst die beste Pflege ist nur ein schwacher Versuch, die Leiden zu mindern.

Diese Machtlosigkeit, helfen zu wollen und doch nur einen kleinen, unbedeutenden Beitrag leisten zu können, zehrte stark an der Substanz. Wichtig erscheint mir vor allem die Verbreitung von Optimismus. Sterbenskranke klammern sich an jeden Funken Hoffnung. Ich hatte, nachdem uns ein Rollstuhl bewilligt wurde, alle Höhenunterschiede am Haus mit Rampen ausgeglichen. Ich versprach meiner Frau, wenn das Frühjahr kommt, sie dann auszufahren. Ob sie mir das geglaubt hat, weiß ich nicht. Kranke Menschen können ihren Zustand wohl sehr gut beurteilen.

Unsere Kinder – Bild zur Gold-Hochzeit
Vorn: Brigitte
2. Reihe: Renate und Martina
Mitte Berndt ; Stehend Hannelore, Romy, Ursula, Hans-Dieter; hinten: Frank

Am 20. April 1996 war der Tag unserer Goldenen Hochzeit. Fünfzig Jahre durch dick und dünn! Margret wollte diesen Ehrentag unbedingt miterleben. Ihre Gedanken kreisten um diesen Fest.

Unsere Freunde Rasper, die einen Modevertrieb unterhielten, kamen mit einer Auswahl von Oberbekleidung. Anprobe und Aussuchen war eine angenehme Abwechselung und lenkte Margret etwas von ihren Beschwerden ab. Mit unseren Kindern wurde vereinbart, dass nur sie zum Hochzeitstag kommen sollten, um die Belastung für Margret nicht unnütz zu erhöhen. Unsere Kinder hatten eine feine Idee und schenkten uns ein Bild, auf dem sie alle zu sehen sind.

Es wurde für uns ein unvergesslicher Tag! Margret blühte richtig auf. Die unvermeidlichen Gratulationsabordnungen der Gemeinde, Verbände und Kirche waren sehr rücksichtsvoll und beschränkten ihre Anwesenheit auf ein erträgliches Maß.

Leider wurde das Krankheitsbild immer schlechter und die Kraft ließ rapide nach. Anfang Juni 1996 mussten wir Margret noch einmal ins Krankenhaus einliefern. Am 13. Juni 1996 wurde meine Frau, Mutter und Großmutter um 17:00 Uhr im Beisein der in Hildesheim lebenden Kinder von ihrem Leiden erlöst.

Ein großartiger Mensch, deren Leben in erster Linie der Fürsorge für ihre Familie galt, verließ friedlich das Erdendasein.

Man möge mir verzeihen, dass beim Schreiben dieser Zeilen die Erinnerungen wieder so stark werden, und ich schäme mich nicht der Tränen, die mir aus den Augen tropfen.

Nun war ich allein, ein Zustand, den ich bis dahin nicht kannte und mir auch gar nicht so richtig vorstellen konnte - das Haus leer, keinen Gesprächspartner, mit sich selbst noch nicht im reinen. Eine furchtbare Tatsache! Schon zu Lebzeiten meiner Frau war erwogen worden, dass Martina mit ihrer Familie bei mir einziehen sollte. Das geschah dann auch.

Rolf Ender, ein Tennisfreund, bot mir seine Ferienwohnung in Bad Hindelang zur Nutzung an.
Vierzehn Tage Erholung und Abschalten tat der Seele sehr gut. Aber das Leben geht weiter. Ein totales Abschotten tut nicht gut, und so fing ich wieder an, meine gewohnten Abläufe zu absolvieren.

Der Tennissport und meine Freunde im Dream-Team und Mannschaft machten mir den Sprung zur Normalität leicht. Aber was ist schon Normalität? Immer, über 50 Jahre mit meiner Magret Freud und Leid geteilt, immer in einer Großfamilie das Leben zu meistern versucht und nun die Leere.

Meine Kinder gaben sich alle Mühe um mir die neue Situation erträglich zu gestalten. Aber das Alleinsein war ich nicht gewohnt und eigentlich für mich nicht so recht vorstellbar, dass dies auf Dauer so bleiben könnte.

Ein erster Versuch eine Lebensgemeinschaft einzugehen scheiterte nach einigen Jahren. Man wird ja nicht jünger und so stellt man schon die Frage, ob auf Dauer alles so weiter gehen soll, wie dies in der Vergangenheit üblich war.

Ich hatte ja unser Haus, das Grundstück und alle damit einhergehende Belastungen. Wie lange werde ich wohl in der Lage sein, die anfallenden Arbeiten selbst zu erledigen? Das ganze Haus benötigte ich als Einzelperson nicht mehr und warum sollte ich mich mit Rasen mähen auf meine alten Tage herum quälen.

Bei mir reifte der Plan, mein Haus zu verkaufen. Gesagt, getan, ich fand einen Käufer, der meine Preisvorstellungen akzeptierte und für mich reichte eine 3-Zimmerwohnung. Sie sollte natürlich möglichst in Barienrode sein.

„Der Feind des Guten ist das Bessere", so könnte man sagen, wenn die Lust eine vermeintlich bessere Wohnung zu beziehen, riesengroß wird.

Da ich in meinem bisherigen Leben zwar das Für und Wider intensiv durchspiele, so doch recht schnell einen Entschluss fasse und diesen dann mit allen Konsequenzen durchziehe. Ich bin also nochmals umgezogen und hoffe, dabei bleibt es nun.

Nachdem mein erster Versuch, einen Lebenspartner zu finden, gescheitert war, empfindet man das Alleinsein nicht unbedingt als das erstrebenswerte Lebensmotto. Zumal ich ja eine über 50-jährige Ehe erleben durfte, wo Zweisamkeit angesagt war, wo der Eine für den Anderen einfach nur da war und das in allen Situationen die das Leben so mit sich bringt und bewältigt werden müssen.

Um es auf den Punkt zu bringen, ich wollte nicht allein bleiben. „Ja, du hast doch eine große Familie, da bist du doch umsorgt", so äußerten sich Freunde, die mit guten Ratschlägen schnell zur Hand sind. Ich will mich in dieser Hinsicht auch nicht beklagen, meine Familie kümmert sich und gibt Hilfestellung, wo dies notwendig ist. Trotzdem kann dies Unterstützen eine Partnerschaft nicht ersetzen.

Was macht man dagegen?, man hält die Augen und Ohren offen und hofft auf den Wink des Schicksals. Dieser Wink kam in Gestalt einer Kontaktanzeige in der Zeitung. Anzeige gelesen, Bewerbungsschreiben aufgesetzt, Treffen vereinbart, Ausgang positiv. Wenn ich in diesem Telegrammstil weiter fortfahren würde, dann heißt das, viele schöne Jahre, herrliche Reisen, durchwachsene Phasen, Aussprachen, An-drohung von Konsequenzen, unüberbrückbare Meinungen, letztendlich Trennung.

Da wird man schon sehr nachdenklich, erst eine Ehe über fünf Jahrzehnte, dann Partnerschaftsversuche, die nur ein Zehntel der Zeit schaffen. Vielleicht ist jeder, der so eine späte Verbindung eingeht, durch sein bisheriges Leben geprägt und nicht bereit oder nicht in der Lage den Partner so zu nehmen, wie er nun einmal ist. Selbst wenn die Erkenntnis dieser Zusammenhänge erkannt ist, bedeutet dies noch lange nicht, dass damit alles bestens gelöst wäre.

Wenn dem so ist, dann muss man auch im Interesse einer vernünftigen Lösung bereit sein, die Verbindung zu lösen.

Nun bin ich wieder ohne Partnerin, bin selbst Schuld wenn etwas nicht rund läuft. Das soll mich aber nicht hindern, möglichst lange mein überaus abwechslungsreiches Leben weiter zu genießen. Ich weiß, dass ich dies nicht allein bestimmen kann. Da wird eine höhere Gewalt ein entscheidendes Wörtchen mitreden. Aber ich kann ihn sicher freundlichst bitten, mir noch einige Jährchen hier auf dieser Welt zu gewähren.

Es wäre wunderschön, wenn ich im Kreise meiner Familie und all meinen Freunden, noch viele schöne Erlebnisse haben dürfte. Ich verspreche es allen: ich werde dies zu schätzen wissen. Toi! Toi! Toi!, einen Wunsch habe ich noch frei, ich möchte noch lange so agil und gesund bleiben, wie dies momentan der Fall ist.

Und wenn dann ein Leser meiner Lebenserinnerungen der Meinung ist, dieser Görtz hat sein Leben positiv gestaltet, dann ist der Sinn dieses Buches erreicht und zur Nachahmung empfohlen.

Hänschen hat in und von seinem Leben gelernt –
Hans genießt dies jetzt im Alter!

... und reiten kann er auch nicht!

Herstellung und Verlag:
BoD - Books on Demand, Norderstedt
ISBN 978-3-7412-2297-9